KB213345

김성중

저자는 기도하는 가운데 하나님의 뜻을 구하며 살아가는 교수이자 교육자, 상담자, 신학자, 목사다. 현재 장로회신학대학교 기독교교육과 교수이자 기독교교육리더십연구소 소장, 대한민국교육봉사단 대표이며, 다음 세대와 청년 세대에게 희망을 주고 한국교회 교회교육을 바르게 세워 가는 일에 힘쓰고 있다.

저서로 《너는 커서 어떤 나무가 될래?》(생명의말씀사), 《기도트렌드》(민영사), 《어쩌다 교사》, 《어쩌다 청소년 사역》, 《어쩌다 학부모》, 《수험생을 위한 100일 기도문》, 《결혼을 위한 100일 기도문》(이상 두란노) 등 다수가 있다.

교육·특강·설교·부흥회 문의 | newant99@gmail.com
유튜브 | 기독교교육리더십연구소, 말씀한줌

말씀한줌   듣는 기도문

기도하기 어려울 때 기도의 끈을 놓지 않도록
'듣는 기도문'으로 기도해 보세요!

디자인 | 박은별

치유를 위한

100日

기도문

이 책의 활용법

1. 환자 자신이나 환우를 위해 간절한 마음으로 말씀을 읽고 묵상합니다.

2. 영과 혼과 몸의 통합적인 건강을 주시기를 사모하며, 하나님과 친밀한 관계가 되기를 더욱 힘씁니다.

3. 두 손을 모으고 천천히 기도문을 따라 읽고, 한번 더 읽으면서 기도합니다.

4. 나의 치유와 회복을 위한 기도 제목을 쓰고 기도합니다.

치유를 위한 100일 기도문

지은이 | 김성중
초판 발행 | 2025. 4. 23
등록번호 | 제1988-000080호
등록된 곳 | 서울특별시 용산구 서빙고로65길 38 두란노빌딩
발행처 | 사단법인 두란노서원
영업부 | 2078-3333   FAX | 080-749-3705
출판부 | 2078-3331

책 값은 뒤표지에 있습니다.
ISBN 978-89-531-5100-0   03230

독자의 의견을 기다립니다.
tpress@duranno.com   www.duranno.com

두란노서원은 바울 사도가 3차 전도여행 때 에베소에서 성령 받은 제자들을 따로 세워 하나님의 말씀으로 양육하던 장소입니다. 사도행전 19장 8-20절의 정신에 따라 첫째 목회자를 돕는 사역과 평신도를 훈련시키는 사역, 둘째 세계선교(TIM)와 문서선교(단행본·잡지) 사역, 셋째 예수문화 및 경배와 찬양 사역, 그리고 가정·상담 사역 등을 감당하고 있습니다. 1980년 12월 22일에 창립된 두란노서원은 주님 오실 때까지 이 사역들을 계속할 것입니다.

치유를 위한

100日

기도문

김성중

두란노

인생을 살다 보면 고난의 파도를 만날 때가 있습니다. 그 고난의 파도 중에 제일 견디기 힘든 파도는 바로 '질병'일 것입니다. 우리는 건강하기를 원합니다. 건강해야 행복감을 느끼게 되고, 건강해야 일상을 온전히 살 수 있습니다. 건강해야 하고 싶은 일을 역동적으로 할 수 있고, 건강해야 의미 있는 좋은 일을 열정적으로 할 수 있기 때문입니다.

하나님이 하나님의 뜻을 보여 주시기 위해 우리의 인생 가운데 아픔을 허용하실 때가 있습니다. 그러나 하나님은 우리가 강건하기를 원하십니다. 하나님은 우리가 잘되기를 원하십니다. 하나님은 우리가 행복하기를 원하십니다. 좋으신 하나님이기에 자녀인 우리에게 좋은 것을 주기 원하십니다.

너희가 악한 자라도 좋은 것으로 자식에게 줄 줄 알거든 하물며 하늘에 계신 너희 아버지께서 구하는 자에게 좋은 것으로 주시지 않겠느냐 | 마 7:11 |

우리가 병으로 인해 괴로워할 때도, 고통 가운데 신음할 때도 하나님은 변함없이 우리와 함께 계십니다. 이 세상에 오셔서 고난 속에 사시고, 십자가에서 인간이 느끼는

최악의 고통을 경험하면서 돌아가신 예수님이 우리의 아픔을 진심으로 공감하십니다.

이 책은 육체의 병, 마음과 정신의 병, 영적인 병으로 힘들어하는 분들과 그들을 위해 중보하는 분들이 하루하루 말씀을 묵상하며 기도할 수 있도록 돕습니다. 이 책은 하나님이 우리에게 영과 혼과 몸의 통합적인 건강을 주시기를 사모하며 열심히 기도할 수 있도록 인도합니다.

육체의 병, 마음과 정신의 병, 영적인 병이 낫기를 간절히 소망하는 모든 분이 하나님을 향한 간절하고 진실한 기도를 통해 완전한 치유의 기적을 경험하기를 간절히 소망합니다.

너는 내게 부르짖으라 내가 네게 응답하겠고 네가 알지 못하는 크고 은밀한 일을 네게 보이리라 | 렘 33:3 |

2025년 4월
김성중

목차

PART 4.
마음과 정신의 병이 낫기 위한 치유기도

PART 5.
영적인 병이 낫기 위한 치유기도   176

PART 1.

아픔 속에서 하나님과
더욱 친밀하게 하소서

001
고요한 바다처럼
평안하고 싶어요

주께서 심지가 견고한 자를 평강하고 평강하도록 지
키시리니 이는 그가 주를 신뢰함이니이다 | 사 26:3 |

하나님을 신뢰하는 자들을 사랑하시는 하
나님!

모든 영광과 존귀, 경배와 찬양을 하나님께
올려 드립니다.

하나님, 병이 파도처럼 나를 덮쳐 두려움에
떨고 있습니다. 어느 순간 내 삶에서 평강이
사라졌습니다. 내 안에 불안함만 가득하고,
평강이라는 단어는 너무 생소해졌습니다.
평안한 삶을 살아가는 것은 그저 희망 사항
으로 느껴집니다.

하나님, 내 마음이 약해지지 않게 하시고,
마음이 견고하게 해 주세요. 내 마음을 고요
한 바다처럼 평안으로 채워 주세요. 진정한
예수님의 평강을 내 안에 가득 채워 주세요.

평강의 주인이신 예수님의 이름으로 간절
히 기도드립니다. 아멘.

my prayer

_____

_____

_____

002

임마누엘 주님,
아플 때 함께해 주세요

내가 네게 명령한 것이 아니냐 강하고 담대하라 두려
워하지 말며 놀라지 말라 네가 어디로 가든지 네 하
나님 여호와가 너와 함께하느니라 하시니라 | 수 1:9 |

언제나 나와 함께하시는 하나님!

모든 영광과 존귀, 경배와 찬양을 하나님께
올려 드립니다.

언제 어디서나 나와 함께하시는 임마누엘
의 하나님을 찬양합니다. 내가 지금 약함 가
운데 있을 때도 하나님은 나와 함께하십니
다. 내가 고통 가운데 신음할 때도 하나님은
나와 함께하십니다. 지금 이 고난의 터널을
지나갈 때도 하나님은 나와 함께하십니다.

하나님은 나의 상황과 환경과 조건과 감정
과 관계없이 언제나 나와 함께하심을 굳게
믿고 담대하게 살아가게 해 주세요.

우리와 동행하시는 예수님의 이름으로 간
절히 기도드립니다. 아멘.

my prayer

_____

_____

_____

003
나를 굳세게 하시는 하나님입니다

두려워하지 말라 내가 너와 함께함이라 놀라지 말라
나는 네 하나님이 됨이라 내가 너를 굳세게 하리라
참으로 너를 도와주리라 참으로 나의 의로운 오른손
으로 너를 붙들리라 | 사 41:10 |

항상 나를 도와주시는 하나님!

모든 영광과 존귀, 경배와 찬양을 하나님께
올려 드립니다.

하나님은 언제나 나의 하나님이십니다. 하
나님은 사랑의 힘으로 나를 굳세게 하시는
분입니다. 하나님은 나의 필요를 아시고 나
를 도와주시는 분입니다. 하나님은 의롭고
자비로운 오른손으로 나를 붙들어 주시는
분입니다.

내가 힘들고 지쳐 쓰러질 때, 괴로워서 울부
짖을 때, 더 이상 희망이 보이지 않아 한숨만
쉬고 있을 때 나를 도와주시는 전능하신 하
나님을 바라보게 해 주세요.

은혜의 손길로 나를 위로하시는 예수님의
이름으로 간절히 기도드립니다. 아멘.

my prayer

_____

_____

_____

004

얼마나 아픈지,
예수님이 다 아십니다

예수께서 그가 우는 것과 또 함께 온 유대인들이 우
는 것을 보시고 심령에 비통히 여기시고 불쌍히 여기
사 이르시되 그를 어디 두었느냐 이르되 주여 와서
보옵소서 하니 예수께서 눈물을 흘리시더라
| 요 11:33-35 |

나의 아픔을 공감하시는 하나님!

모든 영광과 존귀, 경배와 찬양을 하나님께 올려 드립니다.

하나님은 나의 아픔에 깊이 공감하시는 좋으신 아버지이십니다. 예수님은 나사로가 죽었을 때 그를 살리기 위해 그의 집에 가셨습니다. 예수님은 나사로의 집에서 사람들이 슬퍼하는 모습을 보시고, 그들에게 공감하시면서 눈물을 흘리셨습니다.

예수님은 나의 아픔을 아시는 분입니다. 예수님은 십자가의 고통을 아시기에 나와 함께 아파하십니다. 공감의 예수님이 내 옆에서 언제나 함께하심을 믿고 병을 이길 수 있게 해 주세요.

나와 아픔을 같이 느끼시는 예수님의 이름으로 간절히 기도드립니다. 아멘.

my prayer

_____

_____

_____

005

나를 향한 하나님의
위대한 계획을 믿습니다

내가 너를 모태에 짓기 전에 너를 알았고 네가 배에서
나오기 전에 너를 성별하였고 너를 여러 나라의 선지자
로 세웠노라 하시기로 | 렘 1:5 |

위대한 계획 속에 나를 만드신 하나님!

모든 영광과 존귀, 경배와 찬양을 하나님께
올려 드립니다.

하나님은 내가 어머니 배 속에 있기 전부터
나를 아시고, 하나님의 자녀로 택해 주셨으
며, 이 땅에 보내셨습니다. 하나님의 위대한
계획 속에 내가 있음을 확신하게 해 주세요.

하나님이 나를 이 땅에 보내 주신 이유가 있
음을 믿습니다. 하나님이 주신 나의 사명이
있음을 믿음의 눈으로 바라보게 해 주세요.
내가 지금 건강의 어려움을 겪고 있더라도
나의 삶을 신실하게 인도하시는 하나님을
붙잡게 해 주세요.

하나님의 비밀을 알게 하시는 예수님의 이
름으로 간절히 기도드립니다. 아멘.

my prayer

_____

_____

_____

006

입술로 범죄하지 않게 지켜 주세요

그가 이르되 그대의 말이 한 어리석은 여자의 말 같
도다 우리가 하나님께 복을 받았은즉 화도 받지 아니
하겠느냐 하고 이 모든 일에 욥이 입술로 범죄하지
아니하니라 | 욥 2:10 |

끝까지 믿음을 지키기 원하시는 하나님!

모든 영광과 존귀, 경배와 찬양을 하나님께
올려 드립니다.

하나님, 나는 지금 병들어 아프고 힘듭니다.
괴롭고 짜증이 납니다. 원망과 분노가 치밉
니다. 그래서 입술로 범죄했습니다. 하나님
을 향한 불신앙을 표현했습니다. 내가 왜 이
렇게 아파야 하냐고 하나님께 따지듯이 말하
며 불평과 원망을 쏟았습니다. 감정을 다스
리지 못하고 분노의 감정을 표출했습니다.
나의 모든 어리석은 잘못을 용서해 주세요.

이제부터 고난을 주신 하나님의 뜻을 찾으
며, 나를 홀로 두지 않고 함께 아파하시는 하
나님을 만나기 원합니다. 큰 고통에도 입술
로 범죄하지 않았던 욥을 본받아 입술을 지
키는 지혜로운 신앙인이 되게 해 주세요.

입술의 문을 지켜 주시는 예수님의 이름으
로 간절히 기도드립니다. 아멘.

my prayer

_____

_____

_____

007
나을 수 있다는
긍정의 마음을 주세요

여호와께서 우리를 기뻐하시면 우리를 그 땅으로 인
도하여 들이시고 그 땅을 우리에게 주시리라 이는 과
연 젖과 꿀이 흐르는 땅이니라 다만 여호와를 거역하
지는 말라 또 그 땅 백성을 두려워하지 말라 그들은
우리의 먹이라 그들의 보호자는 그들에게서 떠났고
여호와는 우리와 함께하시느니라 그들을 두려워하
지 말라 하나 | 민 14:8-9 |

긍정의 하나님!

모든 영광과 존귀, 경배와 찬양을 하나님께
올려 드립니다.

여호수아는 전능하신 하나님이 이스라엘
을 가나안 땅으로 인도하신다는 약속을 믿
었기에, 거대한 아낙 자손이 있어도 담대하
게 나아갈 수 있었습니다. "그들은 우리의
먹이라"라고 고백했던 여호수아와 갈렙의
믿음을 나에게 주시기를 기도합니다.

하나님을 믿는 믿음 안에서 오는 긍정성을
내 안에 가득 채워 주세요. 현실에서는 깊은
병으로 신음할지라도 내 병이 완전히 나을
수 있다는 믿음을 가지게 해 주세요. 그리고
그 믿음 안에서 나오는 긍정적인 마음과 태
도와 생각이 나의 삶에 충만하게 해 주세요.

불가능을 가능하게 하시는 예수님의 이름
으로 간절히 기도드립니다. 아멘.

my prayer

_____

_____

_____

008
하나님 형상임을
잊지 않겠습니다

하나님이 자기 형상 곧 하나님의 형상대로 사람을 창
조하시되 남자와 여자를 창조하시고 | 창 1:27 |

하나님의 형상대로 우리를 창조하신 하나님!

모든 영광과 존귀, 경배와 찬양을 하나님께 올려 드립니다.

나를 하나님 닮은 존재로 만들어 주신 은혜에 진심으로 감사드립니다. 건강이 좋지 않아 나 자신의 인생이 허무하게 느껴지고, 우울감에 빠지고, 마음이 흔들릴 때가 많이 있습니다.

내가 하나님의 자녀임을 고백하며 어떠한 환경에서도 당당히 살아가게 해 주세요. 자녀를 내버려 두지 않고 붙드시는 하나님을 신뢰하며 의지합니다.

내가 하나님을 닮은 존재임을 깨닫게 하시는 예수님의 이름으로 간절히 기도드립니다. 아멘.

my prayer

_____

_____

_____

009

하나님 눈으로
나를 보게 해 주세요

그러나 너희는 택하신 족속이요 왕 같은 제사장들이
요 거룩한 나라요 그의 소유가 된 백성이니 이는 너
희를 어두운 데서 불러내어 그의 기이한 빛에 들어가
게 하신 이의 아름다운 덕을 선포하게 하려 하심이라
| 벧전 2:9 |

귀한 존재로 나를 부르신 하나님!

모든 영광과 존귀, 경배와 찬양을 하나님께
올려 드립니다.

나를 하나님이 택하신 자녀로, 왕과 제사장
처럼 존귀한 존재로, 하나님의 임재와 통치
를 경험하는 존재로, 하나님의 백성으로 삼
아 주시니 진심으로 감사드립니다.

나같이 부족한 존재를 소중하게 여겨 주신
다는 사실을 늘 신뢰하며, 언제나 하나님과
동행하는 삶을 살도록 해 주세요. 나 자신의
현재 모습 때문에 좌절하지 않게 하시고, 하
나님이 나를 바라보시는 눈으로 나를 바라
보며 살아갈 수 있기를 간구합니다.

나의 힘이 되신 예수님의 이름으로 간절히
기도드립니다. 아멘.

my prayer

_____

_____

_____

010

뜨겁게 사랑해 주셔서
감사합니다

하나님이 세상을 이처럼 사랑하사 독생자를 주셨으
니 이는 그를 믿는 자마다 멸망하지 않고 영생을 얻
게 하려 하심이라 | 요 3:16 |

나를 최고로 사랑하시는 하나님!

모든 영광과 존귀, 경배와 찬양을 하나님께 올려 드립니다.

하나님은 나를 뜨겁게 사랑하셔서 하나밖에 없는 독생자 예수님을 이 땅에 보내 주셨습니다. 예수님은 나의 모든 죄 값을 치르기 위해 십자가에서 돌아가셨습니다. 그리고 사흘 만에 부활하심으로써 나의 모든 죄 값이 치러졌다는 사실을 증명하셨습니다.

하나님은 내가 몸이 아플 때나, 마음이 연약할 때나, 영적으로 흔들릴 때나 언제나 변함없이 나를 사랑하십니다. 이 사실을 굳게 믿으며 힘 있게 살아갈 수 있게 해 주세요.

사랑의 근원이신 예수님의 이름으로 간절히 기도드립니다. 아멘.

my prayer

_____

_____

_____

011

아픔에서 사명을
발견하게 해 주세요

임금이 대답하여 이르시되 내가 진실로 너희에게 이
르노니 너희가 여기 내 형제 중에 지극히 작은 자 하
나에게 한 것이 곧 내게 한 것이니라 하시고

| 마 25:40 |

우리가 사명자로 살기를 원하시는 하나님!

모든 영광과 존귀, 경배와 찬양을 하나님께 올려 드립니다.

예수님은 이 땅에서 공생애 사역을 감당하실 때 청빈의 삶을 사셨습니다. 그래서 가난한 자의 마음을 누구보다도 잘 아시고 그들과 함께하시며 그들에게 참된 소망을 주셨습니다.

하나님이 나에게 아픔을 주신 이유는 나와 같은 아픔을 경험하는 자들을 품고 공감하고 그들에게 희망을 주며 살라는 뜻이 있음을 믿습니다. 헨리 나우웬이 말한 '상처 입은 치유자'의 사명을 감당하며 살게 해 주세요. 아픔이 아픔으로 끝나지 않게 하시고, 나와 같은 아픔을 겪는 자들을 도울 수 있는 사명으로 연결되게 해 주세요.

사명의 삶으로 우리를 인도하시는 예수님의 이름으로 간절히 기도드립니다. 아멘.

my prayer

_____

_____

_____

012
나는 하나님께
복 받은 자입니다!

그가 죽게 되어 그의 혼이 떠나려 할 때에 아들의 이
름을 베노니라 불렀으나 그의 아버지는 그를 베냐민
이라 불렀더라 | 창 35:18 |

풍성한 복을 주시는 하나님!

모든 영광과 존귀, 경배와 찬양을 하나님께 올려 드립니다.

라헬이 아들을 낳으면서 임종을 하기 전에 그 이름을 '베노니'라고 짓습니다. 베노니는 '슬픔의 아들'이란 뜻입니다.

그러나 야곱은 모든 슬픔을 뒤로하고, 베노니를 '베냐민'으로 바꿉니다. 베냐민은 '오른손의 아들'이란 뜻으로, 유대 사회에서 오른편은 축복을 상징합니다. 그래서 베냐민은 '축복의 아들, 복 받는 아들'입니다.

아픈 현실 가운데서 나 자신을 베노니가 아니라 베냐민으로 보게 해 주세요. "나는 하나님께 복 받은 자다"라는 믿음의 고백으로 살아가게 해 주세요.

베냐민의 삶으로 우리를 초대하시는 예수님의 이름으로 간절히 기도드립니다. 아멘.

my prayer

_____

_____

_____

013

하나님을 찾고
또 찾게 해 주세요

너는 내게 부르짖으라 내가 네게 응답하겠고 네가 알
지 못하는 크고 은밀한 일을 네게 보이리라 | 렘 33:3 |

부르짖는 자에게 역사하시는 하나님!

모든 영광과 존귀, 경배와 찬양을 하나님께 올려 드립니다.

하나님은 하나님을 향해 간절하게 부르짖는 나의 기도를 들으시는 분입니다. 하나님은 하나님을 간절히 찾는 자에게 응답하시는 분입니다.

나는 하나님의 은혜를 구하며 하나님을 찾고 또 찾을 것입니다. 포기하지 않고 하나님을 만날 때까지 찾을 수 있는 의지를 허락해 주세요. 하나님이 내 기도에 응답하시고 내가 알지 못하는 크고 은밀한 일을 보여 주시는 분임을 신뢰하며 나아갑니다.

하나님을 간절히 찾는 자와 함께하시는 예수님의 이름으로 간절히 기도드립니다. 아멘.

my prayer

_____

_____

_____

014
고난 중에 모든 죄를
회개합니다

그러므로 너희 죄를 서로 고백하며 병이 낫기를 위하
여 서로 기도하라 의인의 간구는 역사하는 힘이 큼이
니라 | 약 5:16 |

나의 모든 죄를 용서하시는 하나님!

모든 영광과 존귀, 경배와 찬양을 하나님께 올려 드립니다.

하나님, 나는 지금 아픔을 통해 고난을 경험하고 있습니다. 고난 중에 나의 모든 죄를 회개합니다.

하나님 앞에서 바로 살지 못했던 죄를 회개합니다. 하나님만 의지하지 못하고 하나님 중심으로 살지 못했던 죄를 회개합니다. 세상적인 가치 속에 믿지 않는 자와 별반 차이 없이 살았던 죄를 회개합니다. 다른 사람들과의 관계 속에 실수했던 죄를 회개합니다. 하나님과 나만 알고 있는 죄를 회개합니다. 나의 모든 죄를 예수님의 십자가 앞에 내려 놓사오니 용서해 주세요.

나의 모든 죄를 용서하기 위해 십자가를 지신 예수님의 이름으로 간절히 기도드립니다. 아멘.

my prayer

_____

_____

_____

015

하나님의 놀라운 뜻을
보여 주세요

예수께서 대답하시되 이 사람이나 그 부모의 죄로 인
한 것이 아니라 그에게서 하나님이 하시는 일을 나타
내고자 하심이라 | 요 9:3 |

놀라운 일을 행하시는 하나님!

모든 영광과 존귀, 경배와 찬양을 하나님께
올려 드립니다.

하나님이 나에게 아픔을 허용하신 뜻이 있
음을 믿습니다. 솔직히 지금은 그 뜻을 알 수
없지만, 하나님의 놀라운 뜻이 있음을 믿고
신뢰합니다.

예수님은 태어날 때부터 시각 장애를 가진
사람을 만나시고, 그가 시각 장애인 된 것
이 그에게서 하나님이 하시는 일을 나타내
고자 하심이라고 말씀하셨습니다. 나의 아
픔을 통해서도 하나님이 하시는 일을 나타
내시옵소서. 하나님이 나를 통해 이루려고
하시는 놀라운 뜻을 성취하실 것이라 믿습
니다.

하나님의 뜻을 깨닫게 하시는 예수님의 이
름으로 간절히 기도드립니다. 아멘.

my prayer

_____

_____

_____

016

투병 중에도 강력히 주님을 신뢰합니다

이는 내 생각이 너희의 생각과 다르며 내 길은 너희의 길과 다름이니라 여호와의 말씀이니라 이는 하늘이 땅보다 높음같이 내 길은 너희의 길보다 높으며 내 생각은 너희의 생각보다 높음이니라 |사 55:8-9|

온 세상 만물을 주관하시는 하나님!

모든 영광과 존귀, 경배와 찬양을 하나님께
올려 드립니다.

나의 생각이 하나님의 생각과 다를 때 하나
님의 생각을 신뢰하고 순종할 수 있는 믿음
을 주세요. 내가 원하는 것과 하나님이 원하
시는 것이 다를 때 하나님이 원하시는 것을
따를 수 있는 믿음을 주세요. 내가 맞다고 생
각하는 것과 하나님이 맞다고 하시는 것이
다를 때 하나님의 것을 선택할 수 있는 믿음
을 주세요.

투병 중에 있는 이때도 하나님의 생각과 계
획과 판단은 내 것보다 크고 높고 깊고 넓다
는 것을 받아들일 수 있는 강력한 믿음을 허
락해 주세요.

하나님을 온전히 신뢰할 수 있는 힘을 주시
는 예수님의 이름으로 간절히 기도드립니
다. 아멘.

my prayer

_____

_____

_____

017

염려, 걱정, 아픔을
주님께 다 맡깁니다

너희 염려를 다 주께 맡기라 이는 그가 너희를 돌보
심이라 | 벧전 5:7 |

나를 돌보아 주시는 하나님!

모든 영광과 존귀, 경배와 찬양을 하나님께
올려 드립니다.

병으로 인해 염려와 걱정이 많아지고 있습
니다. 병이 나을 수 없을 것 같다는 두려움이
몰려올 때도 많이 있습니다. 이때 나의 모든
염려와 걱정과 두려움을 하나님께 맡기는
믿음이 강력하게 작동하게 해 주세요.

나를 돌보아 주시는 하나님을 의지합니다.
하나님을 간절히 찾습니다. 주님, 속히 오셔
서 나를 비추어 주세요. 염려와 걱정과 두려
움이 내 안에서 사라지고, 나를 돌보시는 하
나님의 사랑의 손길을 강력하게 경험하게
해 주세요.

맡기는 자에게 은혜를 베풀어 주시는 예수
님의 이름으로 간절히 기도드립니다. 아멘.

my prayer

_____

_____

_____

018
고난 중에도 신앙이
성숙하기 바랍니다

오직 사랑 안에서 참된 것을 하여 범사에 그에게까지
자랄지라 그는 머리니 곧 그리스도라 | 엡 4:15 |

우리가 성장하기를 원하시는 하나님!

모든 영광과 존귀, 경배와 찬양을 하나님께 올려 드립니다.

육신의 연약함 때문에 힘든 시간을 보내는 가운데 나의 신앙도 연약해지려 할 때가 많습니다. 신앙생활에 열정이 생기지 않고 흔들릴 때도 있음을 고백합니다.

전능하신 하나님! 나를 붙들어 주세요. 이 어려움의 시간을 지나는 동안에 하나님의 사랑 안에서 하나님이 기뻐하시는 삶을 살도록 해 주세요. 선한 일을 하면서 예수님을 닮아 가게 해 주세요. 고난을 통해 예수님을 더 잘 알게 아시고, 더 닮아 가게 해 주세요. 신앙의 성장과 성숙이 이루어지게 해 주세요.

하나님이 기뻐하시는 삶으로 나를 인도해 주시는 예수님의 이름으로 간절히 기도드립니다. 아멘.

my prayer

_____

_____

_____

019

구원의 즐거움을
회복시켜 주세요

주의 구원의 즐거움을 내게 회복시켜 주시고 자원하
는 심령을 주사 나를 붙드소서 |시 51:12|

구원의 즐거움을 주시는 하나님!

모든 영광과 존귀, 경배와 찬양을 하나님께
올려 드립니다.

예수님이 나에게 구원이라는 놀라운 선물
을 주셨음을 믿습니다. 그러나 고난이 깊어
지고, 아픔의 시간이 길어짐에 따라 하나님
이 나에게 베풀어 주신 구원의 즐거움이 내
게서 점점 사라지고 있는 것 같아 슬픕니다.

하나님! 구원의 즐거움을 회복시켜 주시고,
구원의 감격 속에 참된 기쁨을 느끼게 해 주
세요. 현실은 힘들지라도 영적인 기쁨과 즐
거움을 가지고 힘차게 살아갈 수 있게 해 주
세요.

구원의 길로 나를 인도해 주시는 예수님의
이름으로 간절히 기도드립니다. 아멘.

my prayer

_____

_____

_____

020
민음의 눈으로
하늘나라를 소망하기를

그러나 우리의 시민권은 하늘에 있는지라 거기로부
터 구원하는 자 곧 주 예수 그리스도를 기다리노니
| 빌 3:20 |

우리에게 구원을 선물해 주시는 하나님!

모든 영광과 존귀, 경배와 찬양을 하나님께
올려 드립니다.

우리의 결국은 죽음을 향하게 되어 있습니
다. 죽음은 절망이 아니라 영원으로 연결되
는 시작점임을 믿습니다. 죽으면 우리는 그
토록 사모하는 구원자 예수님을 만나게 됩
니다.

바울이 고백한 것처럼, 우리의 시민권은 하
늘에 있음을 고백하며 하나님 나라 백성답
게 살 수 있도록 도와 주세요. 하늘나라에
서 예수님이 우리를 두 팔 벌려 기다리고
계심을 믿음의 눈으로 보게 해 주세요. 이
땅에서 쓸데없는 욕심을 품고 살아가지 않
게 하시고, 하나님의 비전을 품고 살아가게
해 주세요.

우리의 유일한 구원자 되시는 예수님의 이
름으로 간절히 기도드립니다. 아멘.

my prayer

_____

_____

_____

021

욕심부리며 살았던
삶을 회개합니다

푯대를 향하여 그리스도 예수 안에서 하나님이 위에
서 부르신 부름의 상을 위하여 달려가노라 | 빌 3:14 |

상을 주시는 하나님!

모든 영광과 존귀, 경배와 찬양을 하나님께
올려 드립니다.

하나님, 병으로 고생하고 아프다 보니 내가
그동안 이 땅에서 잘 먹고 잘살기 위해 욕심
부리며 살아왔던 모습이 얼마나 덧없는 것
이었는지를 깨닫게 됩니다. 나의 어리석음
을 용서해 주시고, 이제는 이 땅에서의 상이
아니라, 천국에서의 상을 바라보며 살아가
게 해 주세요.

부르심의 상을 받기 위해 달려가게 하시고,
하나님 중심의 삶을 살아감으로써 천국에
서 가장 귀한 상을 받아 누리는 복된 사람이
되게 해 주세요.

복의 근원 되시는 예수님의 이름으로 간절
히 기도드립니다. 아멘.

my prayer

022
나는 천국 갈 사람입니다

모든 눈물을 그 눈에서 닦아 주시니 다시는 사망이
없고 애통하는 것이나 곡하는 것이나 아픈 것이 다시
있지 아니하리니 처음 것들이 다 지나갔음이러라
| 계 21:4 |

천국 소망을 주시는 하나님!

모든 영광과 존귀, 경배와 찬양을 하나님께 올려 드립니다.

이 땅에서는 아픔 가운데 눈물이 그칠 날이 없습니다. 그러나 천국에 가면 예수님이 내 모든 눈물을 닦아 주실 것입니다. 천국에는 다시는 사망이 없고, 슬퍼하는 것도 없고, 괴로워하는 것도 없고, 아픈 것도 없음을 믿습니다.

하나님이 약속하신 천국을 기대합니다. 하나님이 말씀하신 천국을 믿습니다. 나는 천국에 갈 사람이라는 놀라운 소망을 품으며, 모든 고난과 어려움을 능히 이겨 낼 수 있게 해 주세요.

천국의 주인 되시는 예수님의 이름으로 간절히 기도드립니다. 아멘.

my prayer

_____

_____

_____

023

성령 충만함으로 아픔을
이기게 해 주세요

너희가 악할지라도 좋은 것을 자식에게 줄 줄 알거든
하물며 너희 하늘 아버지께서 구하는 자에게 성령을
주시지 않겠느냐 하시니라 | 눅 11:13 |

성령 충만을 선물로 주시는 하나님!

모든 영광과 존귀, 경배와 찬양을 하나님께
올려 드립니다.

나는 하나님의 자녀입니다. 하나님은 나에
게 좋은 것을 주시는 분임을 믿습니다. 하나
님은 나에게 성령 충만을 선물로 주시는 분
임을 믿습니다.

성령 충만한 신앙, 성령으로 가득한 삶이 되
게 해 주세요. 내 안에 계신 성령님이 강력하
게 역사해 주셔서 지금 경험하는 모든 어려
움을 능히 극복할 수 있게 해 주세요. 구하는
자에게 성령을 주신다고 약속하신 예수님
의 말씀을 붙들고 간절히 기도하오니 성령
충만하여 아픔을 능히 이기게 해 주세요.

구하는 자에게 성령을 주신다고 약속하신
예수님의 이름으로 간절히 기도드립니다.
아멘.

my prayer

_____

_____

_____

PART 2.

주님이 치료 과정을
이끌어 주소서

024

치료 과정이 순탄하기를
기도합니다

이르시되 너희가 너희 하나님 나 여호와의 말을 들어
순종하고 내가 보기에 의를 행하며 내 계명에 귀를
기울이며 내 모든 규례를 지키면 내가 애굽 사람에게
내린 모든 질병 중 하나도 너희에게 내리지 아니하리
니 나는 너희를 치료하는 여호와임이라 | 출 15:26 |

치료하시는 여호와 하나님!

모든 영광과 존귀, 경배와 찬양을 하나님께
올려 드립니다.

하나님은 여호와 라파, 곧 치료하시는 하나
님이십니다. 하나님은 아픈 자와 함께하시
고, 아픈 자의 병을 치료하시는 분임을 믿습
니다.

하나님, 병을 치료하는 과정 가운데 신음하
고 있는 나를 불쌍히 여겨 주옵소서. 하나님
은 나의 아픔도 아시고 병도 아십니다. 치료
의 과정이 순탄하게 진행되어서 나의 병이
깨끗하게 낫고, 건강을 회복할 수 있도록 은
혜를 내려 주세요.

병 낫기를 원하며 기도하는 자의 간구를 들
어주시는 예수님의 이름으로 간절히 기도
드립니다. 아멘.

my prayer

_____

_____

_____

025

인내의 능력을
충만하게 해 주세요

인내를 온전히 이루라 이는 너희로 온전하고 구비하
여 조금도 부족함이 없게 하려 함이라 | 약 1:4 |

끝까지 참으시는 하나님!

모든 영광과 존귀, 경배와 찬양을 하나님께
올려 드립니다.

병이 오래 진행됨에 따라 육체적, 정신적으
로 큰 고통을 겪고 있습니다. 절망과 두려움
에 인내하기 어려운 순간도 많습니다. 주님,
인내의 능력을 나에게 허락해 주세요.

하나님이 나의 병을 고쳐 주심을 믿고 하나
님의 응답을 기다릴 수 있는 인내를 나에게
주세요. 치료 과정을 묵묵히 밟아 나갈 수 있
는 인내를 나에게 주세요. 아픔 가운데 계속
올라오는 부정적인 감정을 이기고 긍정적
인 생각으로 바꿀 수 있는 힘을 나에게 충만
하게 공급해 주세요.

인내의 모범을 보여 주신 예수님의 이름으
로 간절히 기도드립니다. 아멘.

my prayer

026

투병 중에 통증을
다스려 주세요

내가 고통 중에 여호와께 부르짖었더니 여호와께서
응답하시고 나를 넓은 곳에 세우셨도다 |시 118:5|

통증을 사라지게 하시는 하나님!

모든 영광과 존귀, 경배와 찬양을 하나님께 올려 드립니다.

하나님, 투병하는 과정 가운데 통증이 올라와서 힘들 때가 많이 있습니다. 진통제를 먹어도 통증이 줄어들지 않는 때도 있습니다. 그래서 통증을 참아 내기가 쉽지 않고 괴롭습니다.

하나님, 치료 과정 가운데 통증을 다스려 주세요. 병으로 생겨난 통증이 나를 괴롭히지 못하도록 막아 주세요. 혹 통증이 오더라도 예수 그리스도의 십자가 고난을 묵상하며 능히 이겨 낼 수 있는 힘을 더해 주세요.

십자가의 고통을 능히 이겨 내신 예수님의 이름으로 간절히 기도드립니다. 아멘.

my prayer

_____

_____

_____

027

치료하실 때를 믿음으로 기다립니다

여호와의 계획은 영원히 서고 그의 생각은 대대에 이
르리로다 | 시 33:11 |

하나님의 때에 역사하시는 하나님!
모든 영광과 존귀, 경배와 찬양을 하나님께
올려 드립니다.

하나님, 치료 과정 가운데 하나님의 때를
신뢰할 수 있는 강력한 믿음을 허락해 주세
요. 나는 지금 당장 내 병이 치료되기를 원
하지만, 하나님의 치료의 때는 다를 수 있
음을 받아들일 수 있도록 참된 믿음을 선물
해 주세요.

하나님은 나보다 나를 잘 알고 계십니다. 하
나님의 때에 나의 병을 깨끗하게 치료해 주
세요. 하나님의 때에 건강을 완전히 회복할
수 있도록 인도해 주세요.

믿음을 주시는 예수님의 이름으로 간절히
기도드립니다. 아멘.

my prayer

_____

_____

_____

028
치료비로 어려움을
당하지 않게 해 주세요

오늘 있다가 내일 아궁이에 던져지는 들풀도 하나님
이 이렇게 입히시거든 하물며 너희일까 보냐 믿음이
작은 자들아 그러므로 염려하여 이르기를 무엇을 먹
을까 무엇을 마실까 무엇을 입을까 하지 말라
| 마 6:30-31 |

우리의 삶을 지키시는 하나님!

모든 영광과 존귀, 경배와 찬양을 하나님께 올려 드립니다.

하나님, 병원에 가서 진료도 받고 약도 먹고 있는데, 치료비가 많이 들어 경제적으로 어렵습니다. 재정을 신경 쓰면 머리가 아프고 우울해집니다.

우리의 필요를 아시는 하나님, 치료의 과정을 잘 지날 수 있도록, 재정의 어려움을 겪지 않도록 도와주세요. 들풀도 입히시는 하나님이 치료비가 잘 마련되도록 은혜를 베풀어 주세요. 경제적인 문제로 시험에 들지 않도록 나의 신앙을 지켜 주세요.

따뜻한 손길로 우리의 문제를 해결해 주시는 예수님의 이름으로 간절히 기도드립니다. 아멘.

my prayer

_____

_____

_____

029

치유가 속히 이루어지기를 간구합니다

그리하면 네 빛이 새벽같이 비칠 것이며 네 치유가 급속할 것이며 네 공의가 네 앞에 행하고 여호와의 영광이 네 뒤에 호위하리니 | 사 58:8 |

희망을 주시는 하나님!

모든 영광과 존귀, 경배와 찬양을 하나님께 올려 드립니다.

하나님, 나는 지금 병으로 고생하고 있습니다. 고통으로 괴로운 날을 보내고 있습니다. '절망'이라는 단어가 나의 삶에 엄습해 있습니다.

하나님의 빛을 나에게 충만히 비추어 주세요. 능력의 손길이 강력하게 임해 병이 급속히 치유되기를 소망합니다. 속히 병으로부터 자유함을 얻고, 하나님이 주신 삶을 온전히 누리며, 하나님의 영광을 위해서만 살아가는 나의 삶이 되게 해 주세요.

지금도 살아 역사하시는 예수님의 이름으로 간절히 기도드립니다. 아멘.

my prayer

_____

_____

_____

030
합병증에서 지켜
보호해 주세요

주께서 인생으로 고생하게 하시며 근심하게 하심은
본심이 아니시로다 | 애 3:33 |

나를 섬세하게 치료하시는 하나님!

모든 영광과 존귀, 경배와 찬양을 하나님께
올려 드립니다.

하나님, 나는 많이 아픕니다. 나를 불쌍히
여겨 주세요. 내가 지금 고생하고 있는 질병
에 의해 또 다른 질환이 생길까 두렵습니다.
합병증의 공포에서 나를 건져 주시고, 작은
합병증이라도 절대 생기지 않도록 도와주
세요.

나의 치료 과정을 섬세하게 인도해 주셔서
깨끗하게 낫게 해 주실 주님을 찬양합니다.
병이 생기기 이전보다 더 건강한 존재로 회
복될 수 있도록 크신 은혜를 베풀어 주세요.

어둠에서 빛으로 인도하시는 예수님의 이
름으로 간절히 기도드립니다. 아멘.

my prayer

_____

_____

_____

031

후유증이 없기를
기대합니다

온갖 좋은 은사와 온전한 선물이 다 위로부터 빛들의
아버지께로부터 내려오나니 그는 변함도 없으시고
회전하는 그림자도 없으시니라 | 약 1:17 |

우리에게 좋은 것을 주기 원하시는 하나님!

모든 영광과 존귀, 경배와 찬양을 하나님께
올려 드립니다.

하나님, 병으로 인해 온갖 고생을 했고, 치
료 과정 가운데 너무나 힘든 시간을 보내고
있습니다. 치료의 과정을 다 마치고 내가 앓
았던 질병 때문에 후유증이 생겨나지 않도
록 특별한 은혜를 베풀어 주세요.

하나님이 놀라운 손길을 펼쳐 주셔서 나에
게서 후유증이 발생하지 않게 해 주세요. 후
유증 없는 완전한 병 고침의 역사가 일어나
기를 소원합니다.

완전하신 예수님의 이름으로 간절히 기도
드립니다. 아멘.

my prayer

_____

_____

_____

032

치료 중에 체력을
잘 유지하게 해 주세요

피곤한 자에게는 능력을 주시며 무능한 자에게는 힘
을 더하시나니 |사 40:29|

체력을 주시는 하나님!

모든 영광과 존귀, 경배와 찬양을 하나님께 올려 드립니다.

어떤 병을 앓든지 치료의 과정이 잘 진행되기 위해서는 체력이 필요합니다. 치료하는 동안 나의 체력이 잘 뒷받침될 수 있도록 도와주세요.

병으로 인해 입맛이 없습니다. 음식을 넘기기가 쉽지 않습니다. 하나님, 나에게 은혜를 베풀어 주셔서 식사를 잘하고 음식을 잘 소화할 수 있게 해 주세요. 치료하는 과정 가운데 하나님이 나의 체력을 지키시고 보호해 주셔서 굳건하게 병을 이기도록 도와주세요.

나의 존재를 지키시고 보호하시는 예수님의 이름으로 간절히 기도드립니다. 아멘.

my prayer

_____

_____

_____

033

재발되는 일이
결코 없게 해 주세요

지금은 너희가 근심하나 내가 다시 너희를 보리니 너
희 마음이 기쁠 것이요 너희 기쁨을 빼앗을 자가 없
으리라 | 요 16:22 |

완전한 치료로 인도하시는 하나님!

모든 영광과 존귀, 경배와 찬양을 하나님께
올려 드립니다.

하나님, 치료의 과정을 다 마치고 회복된 후
에 병이 재발되지 않도록 크신 은혜를 베풀
어 주세요. 나와 같이 아픈 자들은 병이 나아
도 재발에 대한 걱정과 두려움을 가지고 살
아갑니다. 그리고 실제로 재발되면 마음이
무너지고 희망을 잃어버리게 됩니다.

하나님, 병이 재발되지 않도록 깨끗하게 치
료해 주세요. 성령님이 눈동자처럼 나의 존
재를 지켜 주세요.

나쁜 것을 물리쳐 주시는 예수님의 이름으
로 간절히 기도드립니다. 아멘.

my prayer

_____

_____

_____

034

의사와 간호사에게
능력을 주세요

너희 중에 누구든지 지혜가 부족하거든 모든 사람에
게 후히 주시고 꾸짖지 아니하시는 하나님께 구하라
그리하면 주시리라 | 약 1:5 |

치료의 주체가 되시는 하나님!

모든 영광과 존귀, 경배와 찬양을 하나님께
올려 드립니다.

하나님, 병원에 가서 치료를 받고 있지만,
치료의 주체는 하나님이시고, 의사와 간호
사들은 치료의 도구로 쓰임 받고 있음을 믿
습니다.

의사와 간호사들이 전능하신 하나님을 알
고 믿게 해 주세요. 그리고 그분들에게 힘
과 능력을 부어 주시고, 지혜를 풍성하게
베풀어 주셔서 나의 병을 정확하게 진단하
고, 치료에 필요한 적합한 처방을 할 수 있
도록 인도해 주세요. 의술을 통해서도 하나
님이 역사하실 것을 믿습니다.

모든 지식과 지혜의 근원 되시는 예수님의
이름으로 간절히 기도드립니다. 아멘.

my prayer

035

약이 효과를 발휘하도록
역사해 주세요

강 좌우 가에는 각종 먹을 과실나무가 자라서 그 잎
이 시들지 아니하며 열매가 끊이지 아니하고 달마다
새 열매를 맺으리니 그 물이 성소를 통하여 나옴이라
그 열매는 먹을 만하고 그 잎사귀는 약 재료가 되리
라 | 겔 47:12 |

이 세상의 모든 재료를 만드신 하나님!

모든 영광과 존귀, 경배와 찬양을 하나님께
올려 드립니다.

하나님, 내가 먹는 이 약이 효능을 발휘해서
치료의 역사가 일어나게 하시고, 부작용이
나타나지 않도록 도와주세요. 또한 내성이
발생될 우려가 있는 약들도 있습니다. 내성
이 생겨서 치료에 어려움을 겪지 않도록 세
심하게 역사해 주세요.

약의 원재료들은 모두 하나님이 만드셨고,
재료들을 조합해서 약을 만드는 사람들도
하나님이 다 창조하셨습니다. 약을 통해 하
나님의 치료의 역사가 일어나게 해 주세요.

정답을 주시는 예수님의 이름으로 간절히
기도드립니다. 아멘.

my prayer

_____

_____

_____

036

투병을 돕는 가족을
위로해 주세요

인자가 온 것은 섬김을 받으려 함이 아니라 도리어
섬기려 하고 자기 목숨을 많은 사람의 대속물로 주려
함이니라 | 마 20:28 |

가족을 선물로 주신 하나님!

모든 영광과 존귀, 경배와 찬양을 하나님께 올려 드립니다.

하나님, 내가 병에 걸려서 힘들어하는 가운데 가족이 나를 돌보고 섬기고 있습니다. 나를 위해 고생하는 가족을 볼 때 미안하고 마음이 아픕니다.

가족을 위로해 주시고, 하나님의 은혜를 덧입혀 주세요. 나를 돌보느라 지치지 않게 하시고, 우울하지 않도록 감정을 보호해 주시고, 날마다 새로운 힘을 더해 주세요. 빨리 이 투병의 과정이 끝날 수 있도록 도와주시고, 내가 건강한 몸으로 회복되어 가족의 은혜에 보답할 수 있는 기회를 주세요.

섬김의 본을 보여 주신 예수님의 이름으로 간절히 기도드립니다. 아멘.

my prayer

_____

_____

_____

PART 3.

육체의 병이 낫기 위한
부위별 치유기도

037

아픈 부위에
주의 손을 대주세요

예수께서 한 동네에 계실 때에 온몸에 나병 들린 사
람이 있어 예수를 보고 엎드려 구하여 이르되 주여
원하시면 나를 깨끗하게 하실 수 있나이다 하니 예수
께서 손을 내밀어 그에게 대시며 이르시되 내가 원하
노니 깨끗함을 받으라 하신대 나병이 곧 떠나니라
| 눅 5:12-13 |

치료하기를 원하시는 하나님!

모든 영광과 존귀, 경배와 찬양을 하나님께 올려 드립니다.

예수님은 나병 환자를 만나셨을 때 "내가 원하노니 깨끗함을 받으라" 말씀하셨습니다. 예수님, 나에게도 같은 말씀을 해 주세요. 나의 아픈 부위에 손을 대시어 깨끗하게 치료해 주세요.

하나님, 엎드려 구하고 또 구합니다. 나병 환자의 심정이 되어 예수님의 발을 붙들고 간절히 기도합니다. 주여, 나의 병을 고쳐 주세요. 깨끗하게 해 주세요.

우리의 아픈 부위에 따뜻한 손을 대시는 예수님의 이름으로 간절히 기도드립니다. 아멘.

my prayer

_____

_____

_____

038

"고통 속에서 나오라!" 하소서

이 말씀을 하시고 큰 소리로 나사로야 나오라 부르시
니 죽은 자가 수족을 베로 동인 채로 나오는데 그 얼
굴은 수건에 싸였더라 예수께서 이르시되 풀어 놓아
다니게 하라 하시니라 | 요 11:43-44 |

말씀으로 능력을 베푸시는 하나님!

모든 영광과 존귀, 경배와 찬양을 하나님께 올려 드립니다.

예수님은 죽은 나사로를 살리시는 놀라운 능력의 역사를 보여 주셨습니다. 예수님이 큰 소리로 나사로를 부르시니 나사로가 살아나는 기적의 역사가 일어났습니다.

나에게도 큰 소리로 "고통 속에서 나오라!"고 말씀해 주세요. 나의 이름을 불러 주시고, 완전한 치유의 은혜를 베풀어 주세요. 나의 병에 손을 대어 주시고 깨끗하게 치료해 주세요. 불가능을 가능으로 바꿔 주시고, 절망을 희망을 바꿔 주시는 역전의 하나님을 믿습니다.

진정한 해방을 주시는 예수님의 이름으로 간절히 기도드립니다. 아멘.

my prayer

_____

_____

_____

039
불치병: 불가능을 가능케 하소서

그 아이의 손을 잡고 이르시되 달리다굼 하시니 번역하면 곧 내가 네게 말하노니 소녀야 일어나라 하심이라 | 막 5:41 |

죽은 자도 살리시는 하나님!

모든 영광과 존귀, 경배와 찬양을 하나님께
올려 드립니다.

하나님, 슬프게도 의사들은 내 병은 치료될
수 없다고 말합니다. 현대 의학으로는 고칠
수 없다는 통보를 받았습니다. 그러나 나를
만드신 하나님은 나의 병을 고치실 수 있는
능력의 하나님이심을 분명히 믿습니다.

죽은 자에게도 "일어나라" 말씀하시니 살
아나는 역사가 일어났습니다. 하나님이 나
의 불치병도 완전히 낫게 해 주시기를 원합
니다. 나에게도 "일어나라!", "완전히 나음
을 받으라!" 말씀해 주세요.

치유의 은총을 주시는 예수님의 이름으로
간절히 기도드립니다. 아멘.

my prayer

_____

_____

_____

040

만성피로: 늘 피곤한 삶에서
열정적 삶으로!

오직 여호와를 앙망하는 자는 새 힘을 얻으리니 독수
리가 날개 치며 올라감 같을 것이요 달음박질하여도
곤비하지 아니하겠고 걸어가도 피곤하지 아니하리
로다 | 사 40:31 |

날마다 새 힘을 주시는 하나님!

모든 영광과 존귀, 경배와 찬양을 하나님께
올려 드립니다.

하나님, 나는 만성피로로 고생하고 있습니
다. 매일 피로감을 느끼고 힘이 하나도 없습
니다. 피곤한 채 일하다 보니 일의 능률도 오
르지 않고 짜증이 나며 일상생활에 활력이
없습니다.

내가 오직 하나님만 의지하고, 하나님께만
소망을 두는 삶을 살아가게 해 주세요. 그럼
으로써 하나님이 주시는 새 힘으로 날마다
힘차게 살기를 소원합니다. 피곤한 삶에서
벗어나서 열정적인 삶을 살아갈 수 있도록
은혜를 베풀어 주세요.

열정의 삶으로 인도하시는 예수님의 이름
으로 간절히 기도드립니다. 아멘.

my prayer

_____

_____

_____

041

뼈 질환: 약한 뼈가
강해지게 하소서

또 내게 이르시되 너는 이 모든 뼈에게 대언하여 이
르기를 너희 마른 뼈들아 여호와의 말씀을 들을지어
다 주 여호와께서 이 뼈들에게 이같이 말씀하시기를
내가 생기를 너희에게 들어가게 하리니 너희가 살아
나리라 너희 위에 힘줄을 두고 살을 입히고 가죽으로
덮고 너희 속에 생기를 넣으리니 너희가 살아나리라
또 내가 여호와인 줄 너희가 알리라 하셨다 하라
| 겔 37:4-6 |

생기를 불어넣으시는 하나님!

모든 영광과 존귀, 경배와 찬양을 하나님께 올려 드립니다.

하나님, 내 뼈가 너무 약해서 뼈 통증으로 고생하고 있습니다. 뼈 마디마디가 아프고 넘어져 골절이 될까 두렵습니다. 마른 뼈와 같은 나의 약한 뼈가 강건해지게 하시고, 나의 모든 뼈마디가 기능을 잘 감당할 수 있도록 보호해 주세요.

뼈마다 필요한 칼슘이 충만하게 채워지게 해 주시고, 뼈와 힘줄이 잘 연결되어서 기능을 잘 감당할 수 있게 해 주세요. 마른 뼈에 생기를 넣어 주시는 능력의 하나님이 나의 모든 뼈마디에 안수해 주셔서 건강하게 해 주세요.

생명의 근원 되신 예수님의 이름으로 간절히 기도드립니다. 아멘.

my prayer

_____

_____

_____

042

근골격계 질환: 팔다리가 강건하기를!

베드로가 이르되 은과 금은 내게 없거니와 내게 있는 이것을 네게 주노니 나사렛 예수 그리스도의 이름으로 일어나 걸으라 하고 | 행 3:6 |

일어나 걷게 하시는 하나님!

모든 영광과 존귀, 경배와 찬양을 하나님께
올려 드립니다.

하나님, 나는 팔과 다리가 너무나 불편하여
고생하고 있습니다. 내 몸에 붙어 있는 팔과
다리임에도 나 자신이 통제할 수 없는 연약
한 존재임을 고백합니다.

내 몸의 주인 되신 하나님이 강건함의 은혜
를 더해 주세요. 물건을 들고 거리를 다녀도
아프지 않고, 일을 하는 데 불편함이 없는 강
건한 팔과 손을 더해 주세요. 걷고 뛰고 달려
도 문제없는 강건한 다리와 발을 더해 주세
요. 베드로가 선포한 것처럼 나사렛 예수 그
리스도의 이름으로 강건해지는 역사가 강
력하게 일어나게 해 주세요.

움직이게 하시는 예수님의 이름으로 간절
히 기도드립니다. 아멘.

my prayer

_____

_____

_____

043
아토피: 건강한 피부,
너무 갖고 싶어요

나아만이 이에 내려가서 하나님의 사람의 말대로 요
단강에 일곱 번 몸을 잠그니 그의 살이 어린아이의
살같이 회복되어 깨끗하게 되었더라 |왕하 5:14|

나의 피부를 만드신 하나님!

모든 영광과 존귀, 경배와 찬양을 하나님께
올려 드립니다.

하나님, 나는 지금 아토피로 너무 고통스럽
습니다. 겉으로 드러나는 피부에 문제가 발
생하니 신경이 더 쓰이고, 다른 사람의 시선
을 의식하게 되고, 자신감이 없어지고, 우울
감을 느낍니다. 가려움이 너무 심해 일상생
활을 하기도 어렵습니다.

하나님, 아토피에서 해방시켜 주세요. 나아
만 장군의 피부를 깨끗하게 만드신 하나님
이 나의 피부도 깨끗하게 회복시켜 주세요.
건강한 피부로 자신감 있게 살아가게 해 주
세요.

새롭게 하시는 예수님의 이름으로 간절히
기도드립니다. 아멘.

my prayer

_____

_____

_____

044

여성 질환: 고통에서
속히 벗어나기를!

열두 해 동안이나 혈루증으로 앓는 여자가 예수의 뒤로 와서 그 겉옷 가를 만지니 이는 제 마음에 그 겉옷만 만져도 구원을 받겠다 함이라 예수께서 돌이켜 그를 보시며 이르시되 딸아 안심하라 네 믿음이 너를 구원하였다 하시니 여자가 그 즉시 구원을 받으니라

| 마 9:20-22 |

믿는 자에게 역사하시는 하나님!

모든 영광과 존귀, 경배와 찬양을 하나님께 올려 드립니다.

하나님, 나는 지금 여성 질환으로 고생하고 있습니다. 고통의 터널을 지나는 것이 참으로 괴롭고 힘듭니다. '안 나으면 어떡하지'라는 두려움이 순간순간 찾아옵니다.

열두 해 동안 혈루증으로 고생한 여인의 병을 치료하신 예수님의 능력을 믿습니다. "안심하라 네 믿음이 너를 구원하였다"라고 말씀하시는 예수님의 따뜻한 음성을 나도 듣게 해 주세요. 이 아픔에서 빨리 벗어날 수 있도록 크신 은혜를 베풀어 주세요.

고통의 문제를 해결해 주시는 예수님의 이름으로 간절히 기도드립니다. 아멘.

my prayer

_____

_____

_____

045

수종병: 능력의 손으로 완전히 낫게 하소서

주의 앞에 수종병 든 한 사람이 있는지라 예수께서 대답하여 율법교사들과 바리새인들에게 이르시되 안식일에 병 고쳐 주는 것이 합당하냐 아니하냐 그들이 잠잠하거늘 예수께서 그 사람을 데려다가 고쳐 보내시고 | 눅 14:2-4 |

나의 몸을 주관하시는 하나님!

모든 영광과 존귀, 경배와 찬양을 하나님께 올려 드립니다.

하나님! 나는 지금 몸속에 물이 차서 붓는 병에 걸려서 고생하고 있습니다. 원인을 찾기도 어렵고 치료도 잘 안 되어서 막막하고 답답합니다.

성경에서 예수님은 수종병으로 고생하는 환자를 만나 바로 고쳐 주셨습니다. 나의 수종병도 완전히 고쳐 주시기를 간절히 기도합니다. 붓기가 빠져서 정상이 되게 해 주세요. 예수님의 능력의 손길을 나의 아픈 부위에 대어 낫게 해 주세요.

나의 몸에 평안을 주시는 예수님의 이름으로 간절히 기도드립니다. 아멘.

my prayer

_____

_____

_____

046

안과 질환: 주여,
보기를 원합니다

네게 무엇을 하여 주기를 원하느냐 이르되 주여 보기를 원하나이다 예수께서 그에게 이르시되 보라 네 믿음이 너를 구원하였느니라 하시매 곧 보게 되어 하나님께 영광을 돌리며 예수를 따르니 백성이 다 이를 보고 하나님을 찬양하니라 | 눅 18:41-43 |

내 눈을 만들어 주신 하나님!

모든 영광과 존귀, 경배와 찬양을 하나님께 올려 드립니다.

하나님! 나는 안과 질환으로 몹시 고생하고 있습니다. 눈이 잘 보이지 않아 일상생활을 하기 어렵고, 눈이 더 나빠져서 실명을 할까 두렵습니다.

시각장애인의 눈을 뜨게 하신 전능하신 하나님이 나의 눈도 고쳐 주세요. 하나님의 은혜가 나의 눈에 임하여 눈이 정상으로 작동하기를 소망합니다. 나의 눈으로 하나님의 말씀인 성경을 보게 하시고, 좋은 것을 보면서 하나님 보시기에 깨끗한 삶을 살 수 있게 해 주세요.

볼 수 있는 은혜를 베풀어 주시는 예수님의 이름으로 간절히 기도드립니다. 아멘.

my prayer

_____

_____

_____

047

내장 질환: 몸속 장기가
정상 작동하게 해 주세요

예수께서 이르시되 너희도 이렇게 깨달음이 없느냐 무엇이든지 밖에서 들어가는 것이 능히 사람을 더럽게 하지 못함을 알지 못하느냐 이는 마음으로 들어가지 아니하고 배로 들어가 뒤로 나감이라 이러므로 모든 음식물을 깨끗하다 하시니라 | 막 7:18-19|

먹을 수 있는 은혜를 주신 하나님!

모든 영광과 존귀, 경배와 찬양을 하나님께
올려 드립니다.

하나님, 나는 지금 내장의 문제로 고생하
고 있습니다. 내 몸 안에 있는 심장, 간, 비장,
폐, 신장, 대장, 소장, 쓸개, 위, 방광 등이 정
상으로 작동할 수 있도록 크신 은혜를 베풀
어 주세요.

나의 내장 안에서 나쁜 독소가 빠져나가게
하시고, 모든 염증이 가라앉게 하시며, 건강
을 완전히 회복할 수 있게 인도해 주세요. 입
으로 들어간 음식이 잘 소화되어 내 몸의 영
양분이 되고, 그다음은 잘 배설될 수 있도록
도와주세요.

내 몸의 장기를 지켜 주시는 예수님의 이름
으로 간절히 기도드립니다. 아멘.

my prayer

_____

_____

_____

048

치과 질환: 튼튼한 턱관절과
건강한 치아를 주세요

누가 그것의 턱을 벌릴 수 있겠느냐 그의 둥근 이틀
은 심히 두렵구나 | 욥 41:14 |

치아를 만들어 주신 하나님!

모든 영광과 존귀, 경배와 찬양을 하나님께
올려 드립니다.

하나님, 나는 지금 치아의 문제로 고통받고
있습니다. 치아도 아프고, 잇몸도 아픕니다.
치과 질환에서 오는 통증으로 어떤 일에도
집중할 수 없고, 잠도 제대로 못 자며, 일상
생활을 하기 참으로 힘듭니다.

하나님, 이 고통과 통증으로부터 나를 해방
시켜 주세요. 악어의 턱과 이빨을 튼튼하게
만드신 하나님이 나의 턱관절과 치아를 튼
튼하게 만들어 주세요. 음식을 씹어 먹고 말
하는 데 불편함 없이 살아갈 수 있도록 건강
을 회복시켜 주세요.

통증을 사라지게 하시는 예수님의 이름으
로 간절히 기도드립니다. 아멘.

my prayer

_____

_____

_____

049

고열: 열을 유발하는 근본 문제를 해결해 주세요

예수께서 베드로의 집에 들어가사 그의 장모가 열병으로 앓아 누운 것을 보시고 그의 손을 만지시니 열병이 떠나가고 여인이 일어나서 예수께 수종들더라
| 마 8:14-15 |

내 몸의 온도를 주관하시는 하나님!

모든 영광과 존귀, 경배와 찬양을 하나님께
올려 드립니다.

하나님, 나는 지금 열병으로 고생하고 있습
니다. 몸에 고열이 나서 어려움을 겪고 있습
니다. 고열로 몸에 기력이 없고, 다른 불편
한 증상들이 동반되어서 나타납니다.

열이 떨어질 수 있도록 치료해 주세요. 열이
많이 오르게 하는 근원적인 문제들이 해결
될 수 있도록 도와주세요. 베드로의 장모의
열병을 깨끗하게 치료해 주신 예수님이 자
비의 손길을 나에게도 내려 주세요.

병을 떠나가게 하시는 예수님의 이름으로
간절히 기도드립니다. 아멘.

my prayer

_____

_____

_____

050

뇌졸중: 후유증 없이 회복하게 해 주세요

내가 네게 이르노니 일어나 네 상을 가지고 집으로 가라 하시니 그가 일어나 곧 상을 가지고 모든 사람 앞에서 나가거늘 그들이 다 놀라 하나님께 영광을 돌리며 이르되 우리가 이런 일을 도무지 보지 못하였다 하더라 | 막 2:11-12 |

나의 뇌를 만들어 주신 하나님!

모든 영광과 존귀, 경배와 찬양을 하나님께 올려 드립니다.

하나님, 나는 지금 뇌졸중(중풍)으로 고생하고 있습니다. 뇌의 혈관이 막혀서 뇌경색이 발생하고, 혈관이 터지는 뇌출혈이 발생해서 치료 중에 있습니다.

뇌에 문제가 발생하니 팔과 다리가 마비되거나 발음이 힘들어지는 등 후유증이 나타나기 시작합니다. 중풍 병자에게 "일어나 네 상을 가지고 집으로 가라" 말씀하시면서 치료의 은혜를 베풀어 주신 예수님이 내 병도 깨끗하게 치료해 주세요. 건강한 뇌를 허락해 주시고, 다시는 뇌졸중이 일어나지 않게 하시며, 뇌졸중으로 인한 후유증이 다 사라질 수 있도록 은혜를 베풀어 주세요.

생명을 지켜 주시는 예수님의 이름으로 간절히 기도드립니다. 아멘.

my prayer

_____

_____

_____

051

청각 장애: 잘 듣고 말하도록 해 주세요

예수께서 그 사람을 따로 데리고 무리를 떠나사 손가락을 그의 양 귀에 넣고 침을 뱉어 그의 혀에 손을 대시며 하늘을 우러러 탄식하시며 그에게 이르시되 에바다 하시니 이는 열리라는 뜻이라 그의 귀가 열리고 혀가 맺힌 것이 곧 풀려 말이 분명하여졌더라

| 막 7:33-35 |

나의 귀와 입을 만드신 하나님!

모든 영광과 존귀, 경배와 찬양을 하나님께 올려 드립니다.

예수님은 청각 장애로 고생하고 있는 자를 불쌍히 여기고 치유해 주셨습니다. 청각 장애로 고생하는 나에게도 치유의 손길을 베풀어 주세요.

나의 귀와 입을 만드신 하나님이 강력하게 역사해 주셔서 잘 들을 수 있도록 해 주세요. 혀가 맺힌 것이 풀리고 어려움 없이 말할 수 있는 은혜를 베풀어 주세요. 나의 삶에 기적이 필요합니다. 놀라운 치유의 기적을 보여 주세요.

기적의 역사를 보여 주시는 예수님의 이름으로 간절히 기도드립니다. 아멘.

my prayer

_____

_____

_____

052

뇌전증: 더 이상 발작이 없기를 간구합니다

주여 내 아들을 불쌍히 여기소서 그가 간질로 심히 고생하여 자주 불에도 넘어지며 물에도 넘어지는지라 | 마 17:15 |

나를 붙잡아 주시는 하나님!

모든 영광과 존귀, 경배와 찬양을 하나님께 올려 드립니다.

하나님, 나는 지금 뇌전증(간질)으로 고생하고 있습니다. 부분 발작이 일어나기도 하고, 전신 발작이 일어나기도 해서 일상생활을 하기가 힘듭니다. 언제 발작이 일어날지 몰라서 불안과 공포를 가지고 있습니다.

하나님, 나를 불쌍히 여겨 주세요. 뇌전증으로 심히 고생하는 사람을 불쌍히 여기시고 치료해 주신 예수님이 나의 뇌전증도 고쳐 주시고, 완전한 회복을 허락해 주세요. 뇌전증 발작이 더 이상 일어나지 않도록 성령께서 지켜 주시고 보호해 주세요.

내 몸의 기능을 회복시켜 주시는 예수님의 이름으로 간절히 기도드립니다. 아멘.

my prayer

_____

_____

_____

053

근육 질병: 건강하고
새로운 근육을 주세요

무리를 둘러보시고 그 사람에게 이르시되 네 손을 내
밀라 하시니 그가 그리하매 그 손이 회복된지라
| 눅 6:10 |

나의 근육을 만드신 하나님!

모든 영광과 존귀, 경배와 찬양을 하나님께 올려 드립니다.

하나님, 나는 지금 근육이 위축되고 마비되는 근육 질병으로 고생하고 있습니다. 근육이 쉽게 피로하고 힘이 빠집니다. 근육의 수축력이 급격하게 저하되고, 마비 증상이 찾아옵니다.

나의 아픔과 고통을 하나님이 공감하고 계심을 믿습니다. 손이 마비된 자를 회복시키신 예수님을 믿습니다. 나의 근육을 완전히 회복시켜 주시고, 건강한 근육이 될 수 있도록 도와주세요. 건강한 근육을 가지고 주님의 일에 더욱 힘쓰는 사람이 될 수 있는 기회를 주세요.

나의 근육을 새롭게 하시는 예수님의 이름으로 간절히 기도드립니다. 아멘.

my prayer

054

당뇨병: 인슐린 분비가 활성화되게 해 주세요

진실로 생명의 원천이 주께 있사오니 주의 빛 안에서
우리가 빛을 보리이다 | 시 36:9 |

생명의 근원 되시는 하나님!

모든 영광과 존귀, 경배와 찬양을 하나님께
올려 드립니다.

하나님, 나는 지금 당뇨병으로 고생하고 있
습니다. 포도당이 내 몸의 세포에서 잘 이용
되려면 인슐린이 필요한데, 내 몸에는 인슐
린이 모자랍니다. 인슐린의 기능이 떨어져
서 내 몸에서는 포도당의 이용이 효과적으
로 이루어지지 않고 있습니다.

생명의 샘이신 하나님이 내 몸 안에 인슐린
이 적당하게 잘 만들어지고 활성화될 수 있
도록 은혜를 베풀어 주세요. 당뇨병이 완전
히 치료되는 놀라운 역사가 일어나도록 도
와주세요.

생명의 길로 나를 인도하시는 예수님의 이
름으로 간절히 기도드립니다. 아멘.

my prayer

_____

_____

_____

055

난임: 태의 문을
열어 주소서!

여호와께서 말씀하신 대로 사라를 돌보셨고 여호
께서 말씀하신 대로 사라에게 행하셨으므로 사라가
임신하고 하나님이 말씀하신 시기가 되어 노년의 아
브라함에게 아들을 낳으니 | 창 21:1-2 |

생명의 창조자 되시는 하나님!

모든 영광과 존귀, 경배와 찬양을 하나님께 올려 드립니다.

하나님, 나의 가정에 자녀를 주시기를 간절히 원합니다. 태의 문을 열어 주시는 하나님을 믿습니다. 아브라함이 100세이고, 아브라함의 아내 사라가 90세일 때 하나님은 그들에게 아들 이삭을 주셨습니다. 인간 한계의 종착점이 하나님 역사의 시작임을 믿습니다.

하나님, 나의 가정을 불쌍히 여겨 주시고, 사랑의 손길로 돌보아 주시고, 아름다운 자녀를 허락해 주세요. 하나님이 주시는 자녀를 하나님의 뜻대로, 하나님의 방법대로 키우겠습니다. 하나님의 발을 붙잡고 간절히 기도하오니 응답해 주세요.

생명의 주관자 되시는 예수님의 이름으로 간절히 기도드립니다. 아멘.

my prayer

_____

_____

_____

056

암: 암세포가 다 죽는 기적을 일으켜 주세요

너는 가서 히스기야에게 이르기를 네 조상 다윗의 하나님 여호와께서 이같이 말씀하시기를 내가 네 기도를 들었고 네 눈물을 보았노라 내가 네 수한에 십오년을 더하고 | 사 38:5 |

내 몸의 세포를 만드시는 하나님!

모든 영광과 존귀, 경배와 찬양을 하나님께
올려 드립니다.

하나님, 나는 지금 암 투병으로 고생하고
있습니다. 암으로 인한 통증으로 괴롭고 고
통스러운 날을 보내고 있습니다. 내 안에
있는 ○○암이 몸에서 다 떠나가게 해 주세
요. 암세포가 다 죽는 기적을 베풀어 주세
요. 건강한 세포가 내 몸 안에 가득 채워지
게 해 주세요.

히스기야의 죽을병도 낫게 해 주신 하나님
의 능력을 믿습니다. 간절히 기도할 때 놀라
운 치유의 역사를 보여 주시는 하나님을 믿
습니다.

우리의 기도를 들으시는 예수님의 이름으
로 간절히 기도드립니다. 아멘.

my prayer

057

만성질환: 지병에서 벗어나고 싶어요

예수께서 그 누운 것을 보시고 병이 벌써 오래된 줄 아시고 이르시되 네가 낫고자 하느냐 병자가 대답하되 주여 물이 움직일 때에 나를 못에 넣어 주는 사람이 없어 내가 가는 동안에 다른 사람이 먼저 내려가 나이다 예수께서 이르시되 일어나 네 자리를 들고 걸어가라 하시니 | 요 5:6-8 |

모든 문제를 한 번에 해결해 주시는 능력의
하나님!

모든 영광과 존귀, 경배와 찬양을 하나님께
올려 드립니다.

하나님, 오랜 지병으로 고통받는 나를 기억
해 주세요. 언제 나을지 모르는 가운데 병
과 함께 살고 있습니다. 정기적으로 병원에
가고 약을 먹는 삶을 살고 있습니다. 병이
나을 것이라는 희망을 잃어버린 지 오래입
니다.

베데스다 연못에서 만난 38년 된 환자의 병
을 한 번에 치료해 주신 예수님이 나의 오랜
지병도 치료해 주시기를 간절히 소망합니
다. 오랜 지병에서 벗어나서 건강한 몸을 입
고 예수님을 기쁘시게 하는 일을 하며 살아
가기를 원합니다.

희망의 빛으로 인도하시는 예수님의 이름
으로 간절히 기도드립니다. 아멘.

my prayer

PART 4.

마음과 정신의
병이 낫기 위한
치유기도

058

상한 마음: 마음의 상처를 치유해 주세요

모든 지킬 만한 것 중에 더욱 네 마음을 지키라 생명의 근원이 이에서 남이니라 | 잠 4:23 |

내 마음을 창조하신 하나님!

모든 영광과 존귀, 경배와 찬양을 하나님께
올려 드립니다.

성경은 생명의 근원이 마음에서 나온다면
서 마음을 지키라고 합니다. 그러나 나는 내
마음을 지킬 힘도, 지혜도 없습니다. 내 마
음을 어떻게 지켜야 하는지도 잘 모르겠습
니다.

내 안에 계신 성령님이 역사해 주셔서 내 소
중한 마음을 지켜 주세요. 이미 상한 마음을
도려내고 건강한 마음이 돋아나게 해 주세
요. 더 이상 마음이 상하거나 다치지 않도록
도와주세요. 건강한 마음이 될 수 있도록 붙
잡아 주세요.

생명수 되신 예수님의 이름으로 간절히 기
도드립니다. 아멘.

my prayer

_____

_____

_____

059

갈등: 주 안에서 상처가 치유되기 원합니다

여호와는 마음이 상한 자를 가까이하시고 충심으로
통회하는 자를 구원하시는도다 | 시 34:18 |

상처를 치유하시는 하나님!

모든 영광과 존귀, 경배와 찬양을 하나님께 올려 드립니다.

하나님, 내가 속한 공동체에 갈등이 있어 괴롭습니다. 나에게 큰 상처를 준 사람 때문에 마음이 깨어지고 아픕니다. 나를 힘들게 한 그 사람에 대한 미움과 원망과 분노만 가득합니다.

하나님, 기도하면서 그가 왜 그렇게 했는지, 혹 나는 잘못한 것이 없는지 깨닫기 원합니다. 내 잘못이 있다면 마음속 깊이 회개하기 원합니다. 그리고 나에게 상처를 준 그 사람을 용서하길 원합니다. 또한 그 사람과 화해하고 이 갈등이 수습되길 원합니다. 이러한 과정을 통해 다시 나의 마음이 회복되고 건강해질 수 있도록 도와주세요.

회복의 역사를 보여 주시는 예수님의 이름으로 간절히 기도드립니다. 아멘.

my prayer

_____

_____

_____

060

배신감: 상처받은 마음을
어루만져 주세요

당신들은 나를 해하려 하였으나 하나님은 그것을 선
으로 바꾸사 오늘과 같이 많은 백성의 생명을 구원하
게 하시려 하셨나니 | 창 50:20 |

나의 인생의 주관자 되시는 하나님!

모든 영광과 존귀, 경배와 찬양을 하나님께 올려 드립니다.

믿었던 형들에게 배신을 당하고 애굽의 종으로 팔려 가서 고난의 세월을 보낸 요셉은 하나님의 은혜로 애굽의 총리가 되어 7년 흉년 때 고대 서아시아 지방 사람들이 굶어 죽지 않도록 지혜롭게 음식 분배를 하면서 생명을 살리는 사명자로 살았습니다.

하나님, 나도 믿었던 사람에게 배신을 당해서 괴롭습니다. 나의 마음을 어루만져 주시고, 이 고통 가운데에도 하나님의 큰 뜻이 있음을 믿음의 눈으로 바라보게 해 주세요. 나에게 평안을 부어 주세요.

믿었던 제자로부터 배신을 당하는 고통을 이미 경험하심으로 우리의 아픔을 공감하시는 예수님의 이름으로 간절히 기도드립니다. 아멘.

my prayer

_____

_____

_____

061

증오: 예수님처럼
용서하고 싶어요

너희가 사람의 잘못을 용서하면 너희 하늘 아버지께
서도 너희 잘못을 용서하시려니와 너희가 사람의 잘
못을 용서하지 아니하면 너희 아버지께서도 너희 잘
못을 용서하지 아니하시리라 | 마 6:14-15 |

용서하기를 원하시는 하나님!

모든 영광과 존귀, 경배와 찬양을 하나님께
올려 드립니다.

나에게 잘못한 사람 때문에 마음이 괴롭고
힘듭니다. 분노가 치밀고 미워하는 마음이
가득해 어떻게 해야 할지 모르겠습니다. 이
상황에서 진정한 해결의 길은 용서라는 것
을 알고 있습니다. 머리로는 알고 있는데 마
음으로 움직여지지 않습니다.

하나님, 자신을 십자가에 못 박은 사람들을
비롯해 우리의 모든 죄도 용서해 주신 예수
님처럼 용서할 수 있는 사람이 되게 해 주세
요. 몹시 미워하는 마음이 풀리고 진정으로
용서할 수 있는 힘이 생기도록 해 주세요. 용
서를 통해 내 마음이 안정을 찾게 해 주세요.

용서의 모델을 보여 주신 예수님의 이름으
로 간절히 기도드립니다. 아멘.

my prayer

_____

_____

_____

062

우울증: 깊은 우울의 수렁에서 건져 주세요

자기 자신은 광야로 들어가 하룻길쯤 가서 한 로뎀 나무 아래에 앉아서 자기가 죽기를 원하여 이르되 여호와여 넉넉하오니 지금 내 생명을 거두시옵소서 나는 내 조상들보다 낫지 못하니이다 하고 로뎀 나무 아래에 누워 자더니 천사가 그를 어루만지며 그에게 이르되 일어나서 먹으라 하는지라 | 왕상 19:4-5 |

나의 마음을 위로하시는 하나님!

모든 영광과 존귀, 경배와 찬양을 하나님께
올려 드립니다.

엘리야는 이세벨이 자신을 죽이려고 하자,
광야로 숨어 들어가고 우울감에 빠져서 삶
의 희망을 잃어버렸습니다. 그럼에도 불구
하고 하나님은 엘리야를 위로하시고 음식
을 가져다주며 기력을 회복시키셨습니다.

엘리야에게 역사하신 하나님이 나에게도
강력하게 역사해 주시기를 소망합니다. 우
울감이 나를 지배하여 아무것도 못하겠습
니다. 무력감과 좌절감에 빠져 있습니다. 죽
고 싶다는 생각이 계속 듭니다. 나에게 희망
을 부어 주시고, 내 생각의 회로를 바꾸어 주
셔서 우울증에서 빠져나올 수 있도록 회복
의 은총을 베풀어 주세요.

삶의 진정한 희망을 주시는 예수님의 이름
으로 간절히 기도드립니다. 아멘.

my prayer

_____

_____

_____

063

실패: 실패를 통해
성장할 줄 믿습니다

시몬이 대답하여 이르되 선생님 우리들이 밤이 새도
록 수고하였으되 잡은 것이 없지마는 말씀에 의지하
여 내가 그물을 내리리이다 하고 | 눅 5:5 |

실패 가운데 말씀하시는 하나님!

모든 영광과 존귀, 경배와 찬양을 하나님께
올려 드립니다.

시몬 베드로는 갈릴리 호수에 나가서 밤이
새도록 그물을 내려 물고기를 잡으려 했으
나 실패하고 말았습니다. 그러나 그 실패를
통해 예수님을 만났고, 결국에는 예수님의
참된 제자가 되었습니다.

실패로 마음이 위축되거나 트라우마가 생
기지 않게 하시고, 실패 가운데 말씀하시는
하나님의 음성을 듣게 해 주세요. 실패 가운
데 보여 주시는 하나님의 뜻을 발견하게 해
주세요. 실패를 경험하면서 나의 힘을 의지
하지 않고, 오직 하나님만 의지하는 신앙의
성숙이 일어나게 해 주세요.

실패를 통해 성장하기를 원하시는 예수님
의 이름으로 간절히 기도드립니다. 아멘.

my prayer

_____

_____

_____

064

조급증: 화는 버리고, 여유는 갖기를!

노하기를 더디 하는 자는 크게 명철하여도 마음이 조급한 자는 어리석음을 나타내느니라 | 잠 14:29 |

마음의 여유를 가지기 원하시는 하나님!

모든 영광과 존귀, 경배와 찬양을 하나님께
올려 드립니다.

삶의 분주함 때문에 마음의 평안이 깨져 있
는 나를 봅니다. 바쁜 일상 가운데서 마음
이 조급해져서 별것 아닌 일에도 화를 내는
나를 보며 실망하게 됩니다. 이러한 나를
불쌍히 여겨 주시고, 나의 잘못을 용서해
주세요.

바쁜 일상생활 속에서 우선순위를 정해 차
근히 일을 하게 하시고, 마음의 여유를 가
지고 남을 배려하며 살아가는 실천이 있게
해 주세요. 기도 없이 내 뜻대로 급하게 행
하지 않고 주님의 속도에 발맞추길 원합니
다. 하나님이 나의 온전한 주인이 되어 주
세요.

삶의 지혜를 주시는 예수님의 이름으로 간
절히 기도드립니다. 아멘.

my prayer

_____

_____

_____

065

분노 조절 장애: 듣기는 속히, 말하기는 더디!

내 사랑하는 형제들아 너희가 알지니 사람마다 듣기는 속히 하고 말하기는 더디 하며 성내기도 더디 하라 | 약 1:19 |

분 내지 않기를 원하시는 하나님!

모든 영광과 존귀, 경배와 찬양을 하나님께 올려 드립니다.

하나님, 나는 주변 사람들에게 자주 화를 내고, 쓸데없이 분을 내는 삶을 살고 있습니다. 화를 내고 후회하고, 또 화를 내고 후회합니다. 분노 조절이 안 되어서 괴롭습니다. 화를 참을 수 없습니다. 나의 모습을 불쌍히 여겨 주시고 하나님의 은혜의 손길로 어루만져 주세요.

분노를 느낄 때 그 감정을 다른 이에게 쏟아붓는 것이 아니라, 하나님의 이름을 부르며 나의 감정을 잘 다스릴 수 있도록 지켜 주세요. 평소에 분노를 다스리는 법을 배울 수 있게 도와주세요. 쓸데없는 말을 하지 않고 말을 줄이는 실천을 할 수 있는 지혜를 주세요.

분노를 다스릴 수 있는 능력을 주시는 예수님의 이름으로 간절히 기도드립니다. 아멘.

my prayer

_____

_____

_____

066

감정 기복: 감정이 잠잠하고 고요하게 해 주세요

예수께서 깨어 바람을 꾸짖으시며 바다더러 이르시
되 잠잠하라 고요하라 하시니 바람이 그치고 아주 잔
잔하여지더라 | 막 4:39 |

감정을 다스리기 원하시는 하나님!

모든 영광과 존귀, 경배와 찬양을 하나님께 올려 드립니다.

하나님, 나는 감정의 기복이 심해서 괴롭습니다. 갑자기 기분이 좋고 신이 나다가 금방 우울해지고 슬픔의 감정이 몰려옵니다. 롤러코스터를 타듯이 감정이 오락가락해서 주체할 수 없습니다. 내 감정 하나 컨트롤하지 못하는 나 자신을 보면서 자괴감에 빠지곤 합니다.

하나님! 나의 변하는 감정을 붙잡아 주세요. "잠잠하라, 고요하라" 명하셨던 주님의 말씀이 나의 감정에 속히 임하길 원합니다. 평소에 스트레스 관리를 잘하도록 지혜를 주시고, 감정을 통제할 수 있는 지혜와 힘을 주세요.

항상 변함없이 우리와 함께하시는 예수님의 이름으로 간절히 기도드립니다. 아멘.

my prayer

067

강박 증세: 생각과 행동이 자유해지기를 원합니다

진리를 알지니 진리가 너희를 자유롭게 하리라
| 요 8:32 |

편안한 마음을 주시는 하나님!

모든 영광과 존귀, 경배와 찬양을 하나님께
올려 드립니다.

하나님, 불안함이 엄습해 오면서 강박적 사
고와 강박적 행동을 하는 나를 불쌍히 여겨
주세요. 생각하지 않으려고 해도 계속 원하
지 않는 생각과 행동을 반복하게 됩니다. 내
가 통제할 수 없어서 너무 지칩니다.

하나님, 크신 은혜를 베풀어 주셔서 강박 증
세에서 빠져나올 수 있게 해 주세요. 진리가
너희를 자유롭게 한다고 하셨으니 헛된 상
상을 하지 않고, 진리되신 예수님을 생각하
게 도와주세요. 진정한 자유함을 얻을 수 있
도록 치유해 주세요.

진정한 자유를 선물로 주시는 예수님의 이
름으로 간절히 기도드립니다. 아멘.

my prayer

_____

_____

_____

068

공황 장애: 삶에서 불안이 떠나가게 해 주세요

야곱아 너를 창조하신 여호와께서 지금 말씀하시느니라 이스라엘아 너를 지으신 이가 말씀하시느니라 너는 두려워하지 말라 내가 너를 구속하였고 내가 너를 지명하여 불렀나니 너는 내 것이라 |사 43:1|

두려움이 아닌 사랑으로 우리를 인도하시는 하나님!

모든 영광과 존귀, 경배와 찬양을 하나님께 올려 드립니다.

하나님, 나는 공황 장애를 가지고 있습니다. 머리가 어지러우면서 심장이 두근거리며 갑자기 심한 불안과 두려움을 느끼는 공황 발작이 일어나서 고통스럽습니다. 언제 공황 발작이 올지 몰라서 더 불안하고 두렵습니다. 공황 장애로 정상적인 생활을 하기가 참 힘듭니다.

하나님! 공황 장애를 치유해 주세요. 나는 하나님의 것이오니 공황 발작이 일어나지 않도록 지키시고 보호해 주세요. 치료의 과정 가운데 함께해 주세요. 평안과 기쁨 속에 살아갈 수 있도록 은혜를 베풀어 주세요.

모든 불안을 사라지게 해 주시는 예수님의 이름으로 간절히 기도드립니다. 아멘.

my prayer

_____

_____

_____

069

편집성 성격 장애:
신뢰하고 사랑할 수 있는
힘을 주세요

믿음으로 말미암아 그리스도께서 너희 마음에 계시
게 하시옵고 너희가 사랑 가운데서 뿌리가 박히고 터
가 굳어져서 | 엡 3:17 |

믿음의 능력을 주시는 하나님!

모든 영광과 존귀, 경배와 찬양을 하나님께
올려 드립니다.

하나님, 나는 편집성 성격 장애가 있어서 괴
로운 인생을 살고 있습니다. 다른 사람의 말
을 있는 그대로 듣지 못하고 자꾸 그 말속에
숨겨진 어떤 의도가 있을 것이라고 추측합
니다. 그래서 사람들의 말을 온전히 믿지 못
하고 의심합니다. 다른 사람이 나에게 피해
를 입힐 것이라는 생각이 내 머릿속에서 떠
나가지 않습니다.

하나님, 이 정신적인 고통에서 나를 해방시
켜 주세요. 나를 깨끗하게 치유해 주세요.
주변 사람들을 신뢰하고 사랑할 수 있는 힘
을 주세요.

나를 언제나 신뢰해 주시는 예수님의 이름
으로 간절히 기도드립니다. 아멘.

my prayer

_____

_____

_____

070

건망증: 맑은 정신을
더해 주세요

보혜사 곧 아버지께서 내 이름으로 보내실 성령 그가
너희에게 모든 것을 가르치고 내가 너희에게 말한 모
든 것을 생각나게 하리라 | 요 14:26 |

생각을 주관하시는 하나님!

모든 영광과 존귀, 경배와 찬양을 하나님께
올려 드립니다.

하나님, 건망증이 이토록 괴로운 것인 줄 몰
랐습니다. 기억하는 속도가 느려져서 너무
나 답답합니다. 어느 때는 아예 기억이 안 나
서 괴롭습니다. 내 머리에, 내 정신에 큰 문
제가 발생한 것은 아닌지 두렵기도 하고, 걱
정이 되기도 합니다.

하나님, 건망증의 문제를 해결하고 싶습니
다. 건망증에서 벗어날 수 있도록 인도해 주
세요. 건망증을 완화하는 방법을 익히게 도
와 주세요. 맑은 정신을 더해 주시고, 기억
력을 회복시켜 주세요.

기억할 수 있는 힘을 주시는 예수님의 이름
으로 간절히 기도드립니다. 아멘.

my prayer

_____

_____

_____

071

건강 염려증: 하나님이 나의 건강을 지켜 주십니다

너희 중에 누가 염려함으로 그 키를 한 자라도 더할 수 있겠느냐 | 마 6:27 |

염려하지 않기를 원하시는 하나님!

모든 영광과 존귀, 경배와 찬양을 하나님께
올려 드립니다.

하나님, 내가 고치기 힘든 심각한 병에 걸렸
다는 생각이 머리에서 떠나지 않습니다. 몸
에 조금만 아픈 느낌이 와도 큰 병에 걸렸다
는 생각 때문에 이 병원, 저 병원을 다니며
건강 검진을 받느라 돈도, 시간도 낭비하고
있습니다. 건강 염려증으로 정상적인 생활
을 하기 힘듭니다.

하나님! 모든 염려를 주님께 맡기는 믿음을
갖기 원합니다. 정신적인 고통에서 나를 건
져 주세요. 건강에 대한 염려가 사라지게 해
주세요. 하나님이 나의 건강을 지켜 주신다
는 강력한 믿음을 가지고 평안하게 살아갈
수 있도록 인도해 주세요.

나의 건강을 보호해 주시는 예수님의 이름
으로 간절히 기도드립니다. 아멘.

my prayer

072

조현병: 정신적 고통에서
벗어나게 해 주세요

내 눈이 항상 여호와를 바라봄은 내 발을 그물에서
벗어나게 하실 것임이로다 | 시 25:15 |

우리를 정신적인 존재로 만드신 하나님!

모든 영광과 존귀, 경배와 찬양을 하나님께 올려 드립니다.

하나님, 어떤 목소리가 들리기도 하고, 어떤 것들이 보이기도 합니다. 그리고 하나의 생각에 사로잡혀서 다른 것에 집중할 수가 없습니다. 감정 조절도 안 되고, 감정 표현을 제대로 하지도 못합니다. 다른 사람은 나를 이해하지 못하고 힘들어합니다.

치료의 하나님, 나에게 강력하게 역사해 주세요. 나의 병을 완전히 치유해 주세요. 먹는 약이 잘 듣도록 해주세요. 사랑의 손길로 어루만져 주시고, 정신적인 고통에서 해방될 수 있도록 크신 은혜를 베풀어 주세요. 내 발을 그물에서 벗어나게 하시고, 자유롭게 하시는 하나님만 바라봅니다.

맑은 정신을 주시는 예수님의 이름으로 간절히 기도드립니다. 아멘.

my prayer

_____

_____

_____

073

예민함: 넉넉하고 따뜻한 사람이 되게 해 주세요

너희가 비판하는 그 비판으로 너희가 비판을 받을 것이요 너희가 헤아리는 그 헤아림으로 너희가 헤아림을 받을 것이니라 | 마 7:2 |

나를 품으시는 하나님!

모든 영광과 존귀, 경배와 찬양을 하나님께 올려 드립니다.

하나님, 나는 너무 예민해서 작은 일에도 쉽게 스트레스를 받습니다. 그리고 나의 예민함 때문에 주변 사람들이 힘들다고 말합니다. 내 기준으로 다른 사람을 평가하려는 습관도 가지고 있습니다. 그렇기에 까탈스러운 사람으로 평가받고, 인간관계에서도 문제가 발생합니다.

하나님, 타인의 말을 곡해하거나 예민하게 받아들이지 않게 하시고, 사랑의 시선으로 바라볼 수 있도록 도와주세요. 예민함에서 벗어나서 사랑의 마음을 가지고 살아가게 해 주세요. 다른 사람들을 품는 따뜻한 미소를 지니며 살아가게 해 주세요.

나를 웃게 하시는 예수님의 이름으로 간절히 기도드립니다. 아멘.

my prayer

074

외상 후 스트레스 장애:
과거에서 해방되기 원합니다

그런즉 누구든지 그리스도 안에 있으면 새로운 피조
물이라 이전 것은 지나갔으니 보라 새것이 되었도다

| 고후 5:17 |

과거로부터 해방시키시는 하나님!

모든 영광과 존귀, 경배와 찬양을 하나님께
올려 드립니다.

하나님, 내 인생에서 다시는 기억하고 싶지
않은 심각한 사건을 경험한 후에 계속 정신
적인 고통 속에 살고 있습니다. 그 사건이 계
속 떠오르며 공포감을 느끼고 있습니다. 그
사건이 내 인생에 다시 일어날지도 모른다
는 불안감에 사로잡힐 때가 많이 있습니다.

하나님, 과거의 고통스러운 사건이 떠오르
지 않게 해 주세요. "이전 것은 지나갔으니
보라 새것이 되었도다" 하시는 말씀을 붙잡
으며 치유와 회복이 일어나길 기도합니다.
내 마음에 평안이 깨어지지 않도록 도와주
세요.

미래를 향해 나아가게 하시는 예수님의 이
름으로 간절히 기도드립니다. 아멘.

my prayer

_____

_____

_____

075

모난 성격: 더 좋은 사람이 되게 해 주세요

오직 성령의 열매는 사랑과 희락과 화평과 오래 참음과 자비와 양선과 충성과 온유와 절제니 이같은 것을 금지할 법이 없느니라 | 갈 5:22-23 |

나의 성격을 아름답게 만들어 가시는 하나님!

모든 영광과 존귀, 경배와 찬양을 하나님께
올려 드립니다.

하나님, 내 성격이 가족을 비롯한 주변 사람
들을 괴롭게 하고, 나 자신을 고통스럽게 한
다는 것을 알게 되었습니다.

하나님, 나는 내 성격이 정말 싫습니다. 왜
다른 사람의 잘못이나 단점을 그냥 넘기지
못하고 꼭 지적해야 마음이 풀리는지, 왜 내
방식대로 하지 않으면 분이 나는지 모르겠
습니다. 하나님의 은혜로 내 성격에서 잘못
된 부분이 고쳐지게 하시고, 내 성격의 장점
이 극대화될 수 있게 변화시켜 주세요. 내 안
에 성령의 열매가 맺히길 소원합니다. 예수
님의 성품을 갖출 수 있도록 도와주세요.

나를 더 좋은 사람으로 만들어 주시는 예수
님의 이름으로 간절히 기도드립니다. 아멘.

my prayer

_____

_____

_____

076

염려: 마음과 생각에 평안을 주세요

아무것도 염려하지 말고 다만 모든 일에 기도와 간구로, 너희 구할 것을 감사함으로 하나님께 아뢰라 그리하면 모든 지각에 뛰어난 하나님의 평강이 그리스도 예수 안에서 너희 마음과 생각을 지키시리라
| 빌 4:6-7 |

나의 마음과 생각을 지키시는 하나님!

모든 영광과 존귀, 경배와 찬양을 하나님께
올려 드립니다.

하나님, 염려가 꼬리에 꼬리를 물고 머리에
서 떠나지 않습니다. 부정적인 생각을 많이
하고, 일어나지도 않은 일을 상상하며 스스
로 힘들어 합니다. 복잡한 생각 때문에 현재
에 집중하기가 힘듭니다.

하나님, 아무것도 염려하지 말고 내가 구해
야 할 것을 하나님께 감사함으로 올려드리
는 믿음의 사람이 되게 해 주세요. 나의 머리
카락까지 세시는 하나님이심을 기억하며,
내게 일어난 모든 일을 하나님께 맡기게 해
주세요. 복잡한 나의 생각이 정리되고 하나
님의 평강이 나에게 충만히 임하시길 기도
합니다.

마음과 생각에 평안을 주시는 예수님의 이
름으로 간절히 기도드립니다. 아멘.

my prayer

_____

_____

_____

077

불면증: 사랑하는 자에게
잠을 주시는 하나님!

너희가 일찍이 일어나고 늦게 누우며 수고의 떡을 먹음이 헛되도다 그러므로 여호와께서 그의 사랑하시는 자에게는 잠을 주시는도다 | 시 127:2 |

잠을 선물로 주시는 하나님!

모든 영광과 존귀, 경배와 찬양을 하나님께 올려 드립니다.

하나님, 나는 요즘 불면증에 시달리고 있습니다. 잠을 자지 못해서 괴롭습니다. 깊이 있게 잠을 자지 못하니 하루 종일 몽롱하고 피곤하며, 해야 할 일에 집중하기도 어렵습니다.

사랑하는 자에게 잠을 주시는 하나님! 깊이 잘 수 있도록 도와주세요. 잠이 빨리 들 수 있도록 은혜를 베풀어 주세요. 잠자다 중간에 깨지 않도록 깊이 있는 잠을 주세요. 충분한 잠을 통해서 맑은 정신을 가지고 맡겨진 일에 최선을 다하며 힘차게 살아갈 수 있게 해 주세요.

우리에게 쉼을 허락해 주시는 예수님의 이름으로 간절히 기도드립니다. 아멘.

my prayer

_____

_____

_____

078

자폐 스펙트럼 장애: 평범한 일상을 살고 싶어요

우리의 영혼이 사냥꾼의 올무에서 벗어난 새같이 되었나니 올무가 끊어지므로 우리가 벗어났도다
| 시 124:7 |

뇌의 기능을 주관하시는 하나님!

모든 영광과 존귀, 경배와 찬양을 하나님께
올려 드립니다.

하나님, 나는 어릴 때부터 자폐증을 앓으며
힘든 세월을 보내고 있습니다. 의사소통을
원하는 대로 할 수 없고, 감정 표현도 제대로
못해 인간관계에 어려움을 겪고 있습니다.
어느 하나의 관심사에만 몰두하고 집착하
는 습관 때문에, 또 충동적인 행동 때문에 일
상적인 삶을 살기가 참으로 힘듭니다.

하나님, 나의 간절한 소망은 평범한 일상을
사는 것입니다. 다른 사람들과 잘 어울려 지
내도록 도와주세요. 자폐에서 완전히 해방
되기를 소망합니다. 건강한 모습으로 평범
한 일상을 누리며 살 수 있도록 크신 은혜를
베풀어 주세요.

건강한 매일의 삶을 선물해 주시는 예수님
의 이름으로 간절히 기도드립니다. 아멘.

my prayer

_____

_____

_____

PART 5.

영적인 병이
낫기 위한 치유기도

079

교만한 나의 죄,
회개합니다

너희가 그것을 먹는 날에는 너희 눈이 밝아져 하나님
과 같이 되어 선악을 알 줄 하나님이 아심이니라
| 창 3:5 |

높이 계신 하나님!

모든 영광과 존귀, 경배와 찬양을 하나님께 올려 드립니다.

하나님, 그동안 교만함 가운데 살아왔던 나의 잘못을 회개합니다. 아담과 하와가 뱀으로 가장한 사탄에게 속아 선악과를 먹는 죄를 범했습니다. 그들은 하나님처럼 된다는 말에 속았습니다. 하나님과 같이 되려는 것이 바로 교만임을 깨닫습니다.

하나님을 내 인생의 주인으로 삼지 않고, 내가 주인 노릇 했던 죄를 회개합니다. 내가 하나님과 같이 되려고 하는 교만함 때문에 하나님을 찾지 않았음을 고백하고 회개합니다. 이 교만함 때문에 병든 나의 영을 회복시켜 주시고 새롭게 해 주세요.

교만한 자를 물리치시는 예수님의 이름으로 간절히 기도드립니다. 아멘.

my prayer

_____

_____

_____

080
사탄의 유혹을
물리치도록 도와주세요

이에 예수께서 말씀하시되 사탄아 물러가라 기록되
었으되 주 너의 하나님께 경배하고 다만 그를 섬기라
하였느니라 | 마 4:10 |

사탄을 물리치신 하나님!

모든 영광과 존귀, 경배와 찬양을 하나님께
올려 드립니다.

사탄은 예수님에게까지 접근해서 유혹하
였지만, 예수님은 말씀으로 모든 유혹을 이
기고, 사탄을 물리치셨습니다. 사탄은 계속
육신의 정욕, 안목의 정욕, 이생의 자랑으로
유혹하고, 나는 계속 넘어져 영적으로 병든
상태에 있습니다.

사탄의 유혹이 올 때 항상 하나님의 말씀으
로 분별하고 이길 수 있도록 인도해 주세요.
시험에 들게 하지 마시고 악에서 구해 주세
요. 능력의 하나님이 역사해 주셔서 사탄의
유혹을 이기게 하시고, 나의 영을 보호해 주
세요.

모든 유혹을 이기신 예수님의 이름으로 간
절히 기도드립니다. 아멘.

my prayer

_____

_____

_____

081

강력한 오른팔로
붙들어 주세요

분을 내어도 죄를 짓지 말며 해가 지도록 분을 품지
말고 마귀에게 틈을 주지 말라 | 엡 4:26-27 |

믿는 자들을 보호하시는 하나님!

모든 영광과 존귀, 경배와 찬양을 하나님께 올려 드립니다.

마귀는 나를 계속 공격합니다. 마귀의 공격으로 내 안의 평안이 깨지고, 불평과 불만이 가득해지며, 분노를 계속 표출하게 되면서 나의 영은 메말라 가고 있습니다. 마귀는 하나님을 잘 믿는 자들을 어떻게든 넘어뜨리려고 공격하고 또 공격합니다.

하나님! 나는 혼자서는 마귀의 공격을 이겨 낼 수 없는 약한 존재입니다. 하나님이 강력한 오른팔로 나를 붙들어 주시고, 마귀의 공격으로부터 보호해 주세요. 마귀의 공격을 이겨 내고 영적으로 승리할 수 있도록 나와 함께해 주세요.

마귀의 역사를 무너뜨리시는 예수님의 이름으로 간절히 기도드립니다. 아멘.

my prayer

_____

_____

_____

082

하나님의 전신 갑주를
입고 나아갑니다

마귀의 간계를 능히 대적하기 위하여 하나님의 전신
갑주를 입으라 우리의 씨름은 혈과 육을 상대하는 것
이 아니요 통치자들과 권세들과 이 어둠의 세상 주관
자들과 하늘에 있는 악의 영들을 상대함이라

| 엡 6:11-12 |

따라 읽는 기도

영적인 승리를 주시는 하나님!

모든 영광과 존귀, 경배와 찬양을 하나님께
올려 드립니다.

마귀는 끊임없이 나를 속이며 다가옵니다.
예수님은 요한복음 8장 44절에서 마귀는
"거짓말쟁이요 거짓의 아비"라고 말씀하십
니다.

하나님! 마귀의 속임수에 넘어가지 않도록
나를 붙잡아 주시고, 하나님의 전신 갑주를
입고 나아가게 해 주세요. 성령 충만한 가운
데 하나님의 말씀과 복음의 진리로 무장하
게 하시고, 의와 평안과 믿음과 구원의 능력
으로 살아가게 해 주세요. 깨어서 기도하면
서 마귀의 속임수인지 아닌지를 능히 분별
하게 하시고, 영적으로 승리할 수 있도록 도
와주세요.

깨어 기도할 수 있도록 힘을 주시는 예수님
의 이름으로 간절히 기도드립니다. 아멘.

my prayer

083

하나님, 마귀를
대적합니다!

그런즉 너희는 하나님께 복종할지어다 마귀를 대적
하라 그리하면 너희를 피하리라 | 약 4:7 |

복종하는 자에게 강력하게 역사하시는 하나님!

모든 영광과 존귀, 경배와 찬양을 하나님께 올려 드립니다.

하나님! 예수님의 이름으로 마귀를 대적합니다. 나는 하나님만 믿는 하나님의 자녀이며, 오직 하나님께만 복종하는 하나님의 사람입니다. 하나님만 내 안에 역사하고 계심을 믿습니다.

마귀가 나를 유혹하거나 공격하거나 속일 수 없도록 성령 하나님이 막아 주세요. 하나님께 복종하고 마귀를 대적하며 살게 지켜 주세요. 내 안에 계신 성령님이 강력하게 역사해 주세요.

마귀의 접근을 막아 버리시는 예수님의 이름으로 간절히 기도드립니다. 아멘.

my prayer

_____

_____

_____

084

귀신아, 즉시 떠나갈지어다!

… 바울이 심히 괴로워하여 돌이켜 그 귀신에게 이르되 예수 그리스도의 이름으로 내가 네게 명하노니 그에게서 나오라 하니 귀신이 즉시 나오니라 | 행 16:18 |

우리를 승리하게 하시는 하나님!

모든 영광과 존귀, 경배와 찬양을 하나님께 올려 드립니다.

귀신 들린 자를 위해 기도합니다. 피 묻은 십자가의 능력을 붙들고 더러운 귀신이 떠나가기를 간절히 기도합니다. 평범한 일상생활을 하지 못하게 만들고, 자기에게 종노릇하게 만들어 버리는 귀신을 예수님의 이름으로 대적합니다.

예수님의 능력을 힘입어 귀신 들린 자에게 강력하게 선포합니다. "온 천지 만물을 만드시고 주관하시는 능력의 이름 나사렛 예수 그리스도의 이름으로 명하노니 귀신아, 즉시 떠나갈지어다!" 하나님이 승리하셨음을 선포합니다.

승리하신 예수님의 이름으로 간절히 기도드립니다. 아멘.

my prayer

_____

_____

_____

085

나의 영이 강건하게
하소서

사랑하는 자여 네 영혼이 잘됨같이 네가 범사에 잘되
고 강건하기를 내가 간구하노라 | 요삼 1:2 |

우리가 잘되기를 원하시는 하나님!

모든 영광과 존귀, 경배와 찬양을 하나님께 올려 드립니다.

하나님은 나를 영적인 존재로 만드셨음을 믿습니다. 하나님은 나를 사랑하시고 나의 영이 강건하기를 원하시는 분이십니다. 하나님, 나의 영이 건강하기를 기도합니다.

날마다 하나님과 동행하길 원합니다. 내 삶에 성령의 열매가 나타나기를 원합니다. 나의 내면이 평온하길 원합니다. 이 모든 것이 내 영이 잘되고 강건할 때 이루어지는 줄 믿습니다. 연약한 나의 영이 깨끗해지고 강해지도록 인도해 주세요. 영적으로 부족한 나의 모습을 십자가 앞에 회개하오니 용서해 주시고, 나의 영을 새롭게 해 주세요.

강건함의 은총을 주시는 예수님의 이름으로 간절히 기도드립니다. 아멘.

my prayer

_____

_____

_____

086
하나님의 신부로서
순결하게

하나님의 뜻은 이것이니 너희의 거룩함이라 곧 음란
을 버리고 | 살전 4:3 |

거룩하신 하나님!

모든 영광과 존귀, 경배와 찬양을 하나님께 올려 드립니다.

내 속에 음란한 생각이 가득 차 있음을 고백합니다. 그렇기에 영적으로 건강하지 못한 나의 현재 모습이 되었음을 고백하며 회개합니다. 음란물에 중독되고, 성적으로 타락한 나의 잘못을 용서해 주세요.

하나님! 나의 영에 강력하게 역사해 주시고, 음란한 생각과 마음과 행동을 버리게 도와주세요. 그리고 하나님의 거룩으로 무장할 수 있도록 인도해 주세요. 하나님의 순결한 신부가 되어 영적으로 건강한 사람이 될 수 있도록 은혜를 베풀어 주세요.

거룩한 삶으로 우리를 인도하시는 예수님의 이름으로 간절히 기도드립니다. 아멘.

my prayer

_____

_____

_____

087

술을 끊게 해 주세요

술 취하지 말라 이는 방탕한 것이니 오직 성령으로
충만함을 받으라 | 엡 5:18 |

하나님께 나아가는 자에게 복을 주시는 하나님!

모든 영광과 존귀, 경배와 찬양을 하나님께 올려 드립니다.

하나님, 나는 지금 술에 빠져 살고 있습니다. 그러면서도 좋은 신앙인인 척 살아왔던 나의 모습을 회개하오니 용서해 주세요.

술로 인해 하나님께로 더 깊이 나아가지 못하고 있습니다. 나의 약한 의지로는 술을 끊기가 참으로 어렵습니다. 내 안에 계신 성령님이 강력하게 역사해 주셔서 술을 끊게 해 주세요. 술 냄새도 맡기 싫어지게 해 주세요. 술 생각이 날 때마다 예수님의 십자가를 떠올리게 해 주세요. 성령 충만하여 영적으로 건강한 삶을 살아갈 수 있게 해 주세요.

내 삶의 주인 되시는 예수님의 이름으로 간절히 기도드립니다. 아멘.

my prayer

088

돈에 끌려다니지 않게
해 주세요

돈을 사랑함이 일만 악의 뿌리가 되나니 이것을 탐내
는 자들은 미혹을 받아 믿음에서 떠나 많은 근심으로
써 자기를 찔렀도다 | 딤전 6:10 |

나의 삶을 이끄시는 하나님!

모든 영광과 존귀, 경배와 찬양을 하나님께
올려 드립니다.

하나님, 물질주의에 빠진 나의 부족한 모습
을 발견하게 됩니다. 돈타령하며 살아가는
나의 안타까운 모습을 발견하게 됩니다. 머
릿속에 돈 버는 생각으로 가득하고, 지인들
과 대화할 때는 온통 돈 이야기뿐이고, 인생
의 목적이 돈이 되어 버린 나의 모습을 솔직
하게 고백합니다. 맘모니즘에 빠져서 나의
영이 혼탁해지고 병들게 되었음을 고백합
니다.

하나님, 나의 안타까운 모습을 용서해 주시
고, 돈이 나를 이끄는 삶이 아니라 하나님이
나를 이끄시고 인도하시는 삶이 되기를 기
도합니다.

하나님께로 인도해 주시는 중보자 예수님
의 이름으로 간절히 기도드립니다. 아멘.

my prayer

089

탐심을 버리고 청빈하게
살기를 기도합니다

그러므로 땅에 있는 지체를 죽이라 곧 음란과 부정과
사욕과 악한 정욕과 탐심이니 탐심은 우상 숭배니라
| 골 3:5 |

우상을 물리치시는 하나님!

모든 영광과 존귀, 경배와 찬양을 하나님께
올려 드립니다.

하나님, 나는 현재 가지고 누리는 것에 자족
하지 못하고, 더 가지고 싶은 욕심, 더 누리
고 싶은 욕망 속에 살아왔음을 고백합니다.

나에게 군이 필요 없는 것이라도 갖고 싶은
건 사야만 하고, 다른 사람이 가지고 있는 것
을 보면 나도 가지고 싶어 하는 탐심 속에 살
아왔음을 회개합니다. 탐심은 영적인 건강
을 해치는 우상 숭배라고 성경은 말하고 있
습니다. 탐심을 버리고 맑은 영을 가지고 살
아가게 해 주세요.

청빈하게 이 세상을 사신 예수님의 이름으
로 간절히 기도드립니다. 아멘.

my prayer

_____

_____

_____

090

미디어보다 하나님과
교제하게 하소서

너희를 불러 그의 아들 예수 그리스도 우리 주와 더
불어 교제하게 하시는 하나님은 미쁘시도다
| 고전 1:9 |

우리와 교제하기를 원하시는 하나님!

모든 영광과 존귀, 경배와 찬양을 하나님께 올려 드립니다.

하나님, 나는 하나님이 주신 시간 속에서 하나님과 교제하는 데에는 관심이 없고, 시간이 날 때마다 유튜브를 보고 SNS를 하는 등 미디어에 빠져서 살고 있습니다. 말씀 읽고, 기도하는 것에는 흥미를 느끼지 못하면서 세상적인 영상은 시간 가는 줄도 모르게 즐겨 보고 있습니다. 그래서 나의 영은 메마르고 병들어 있습니다.

하나님, 나의 잘못을 용서해 주세요. 하나님과 교제하는 데 열정을 다하는 영적인 사람으로 변화시켜 주세요. 하나님과 교제하는 기쁨을 제대로 알게 해 주세요.

나의 영에 생명력을 불어넣어 주시는 예수님의 이름으로 간절히 기도드립니다. 아멘.

my prayer

_____

_____

_____

091

찬양하는 삶을
살아가겠습니다!

여호와를 찬송하라 여호와는 선하시며 그의 이름이
아름다우니 그의 이름을 찬양하라 | 시 135:3 |

찬양 받기에 합당하신 하나님!

모든 영광과 존귀, 경배와 찬양을 하나님께
올려 드립니다.

하나님, 나는 날마다 세상적인 음악만 들으
며 살고 있습니다. 그 속에서 세속적인 가치
와 문화가 자연스럽게 나의 영에 자리 잡게
되었습니다.

이제부터 하나님을 높이는 찬양을 듣게 해
주시고, 매일 나의 입술로 하나님을 찬양하
며 살게 해 주세요. 하나님의 은혜에 감사하
며, 하나님만 온전히 높이는 찬양의 삶을 살
아감으로써 나의 영이 강건할 수 있기를 원
합니다.

찬양의 이유 되시는 예수님의 이름으로 간
절히 기도드립니다. 아멘.

my prayer
_____

_____

_____

092
하나님만 섬기는 자가
되게 하소서

엘리야가 모든 백성에게 가까이 나아가 이르되 너희
가 어느 때까지 둘 사이에서 머뭇머뭇 하려느냐 여호
와가 만일 하나님이면 그를 따르고 바알이 만일 하나
님이면 그를 따를지니라 하니 백성이 말 한마디도 대
답하지 아니하는지라 |왕상 18:21|

온전한 믿음을 주시는 하나님!

모든 영광과 존귀, 경배와 찬양을 하나님께 올려 드립니다.

하나님, 나는 현재 혼합주의적인 신앙의 모습을 보이며 영적으로 병들어 있습니다. 하나님도 믿고 미신도 믿는 말도 안 되는 삶을 살아가고 있습니다. 말로는 하나님을 의지한다고 하지만 사실 다른 것들도 의지하며 살아가고 있음을 고백합니다. 하나님이 제일 싫어하시는 것이 혼합주의인데, 내가 그런 신앙인으로 살아왔습니다.

하나님만 온전히 믿지 못한 나의 모습을 회개하오니 용서해 주세요. 이제 오직 하나님만 철저히 의지하고 믿고 따르며 살아가게 해 주세요.

하나님만 믿고 따르도록 인도해 주시는 예수님의 이름으로 간절히 기도드립니다. 아멘.

my prayer

_____

_____

_____

PART 6.

영혼육이 더욱
강건하게 하소서

093

영, 혼, 몸을 흠 없게
보호해 주세요

평강의 하나님이 친히 너희를 온전히 거룩하게 하시
고 또 너희의 온 영과 혼과 몸이 우리 주 예수 그리스
도께서 강림하실 때에 흠 없게 보전되기를 원하노라
| 살전 5:23 |

우리를 보호하기 원하시는 하나님!

모든 영광과 존귀, 경배와 찬양을 하나님께 올려 드립니다.

우리의 존재를 영과 혼과 몸으로 구성된 신비한 존재로 만들어 주심에 감사드립니다.

영과 혼과 몸이 모두 건강할 수 있도록 특별한 은혜를 더해 주세요. 주 예수 그리스도가 재림하실 때에 영과 혼과 몸으로 구성된 나의 존재가 흠 없이 보호받게 하시고, 주 예수 그리스도 안에서 영원한 생명을 누리게 해 주세요.

눈동자처럼 우리를 지켜 주시는 예수님의 이름으로 간절히 기도드립니다. 아멘.

my prayer

_____

_____

_____

094

치료하는 광선을
비추어 주세요

내 이름을 경외하는 너희에게는 공의로운 해가 떠올
라서 치료하는 광선을 비추리니 너희가 나가서 외양
간에서 나온 송아지같이 뛰리라 |말 4:2|

치료의 광선을 비춰 주시는 하나님!

모든 영광과 존귀, 경배와 찬양을 하나님께
올려 드립니다.

하나님을 경외하는 자에게는 공의로운 해
가 떠올라서 치료하는 광선을 비춰 주겠다
고 약속하셨습니다. 이 약속의 말씀을 의지
하고 간절히 기도하오니 나의 영혼육이 치
유되고 평안하기를 원합니다. 하나님의 은
혜로 송아지같이 뛰며 활기차게 하시고, 기
쁨과 자유를 누리며 주님 기뻐하시는 일을
하며 살도록 인도해 주세요.

날마다 새로운 힘을 더해 주시는 예수님의
이름으로 간절히 기도드립니다. 아멘.

my prayer

_____

_____

_____

095

살아 있는 말씀이신
주님과 동행하게 하소서

하나님의 말씀은 살아 있고 활력이 있어 좌우에 날
선 어떤 검보다도 예리하여 혼과 영과 및 관절과 골
수를 찔러 쪼개기까지 하며 또 마음의 생각과 뜻을
판단하나니 | 히 4:12 |

말씀으로 역사하시는 하나님!

모든 영광과 존귀, 경배와 찬양을 하나님께
올려 드립니다.

하나님의 말씀은 살아서 역사하고 있음을
믿습니다. 하나님의 말씀을 사모하여 밤낮
으로 묵상하는 내가 되기를 소망합니다. 하
나님의 말씀을 읽고 듣고 쓰고 묵상하고 공
부하고 외우면서 하나님과 늘 동행하는 삶
을 살게 해 주세요.

내가 잘못된 길을 걸어갈 때 말씀이 나를 붙
들어 다시 제자리로 돌아오게 하고, 죄를 지
으려 할 때 말씀이 나의 혼과 영과 관절과 골
수를 찔러 하나님 앞에 머물게 하시길 원합
니다. 하나님의 말씀이 나의 온 영과 혼과 몸
에 역사해 전인적인 건강을 누리며 살아갈
수 있도록 은혜 베풀어 주세요.

말씀이 육신이 되어 우리 가운데 오신 예수
님의 이름으로 간절히 기도드립니다. 아멘.

my prayer

_____

_____

_____

096

규칙적인 삶으로
종합적인 건강을

하나님이 빛을 낮이라 부르시고 어둠을 밤이라 부르
시니라 저녁이 되고 아침이 되니 이는 첫째 날이니라
| 창 1:5 |

질서를 만드신 하나님!

모든 영광과 존귀, 경배와 찬양을 하나님께
올려 드립니다.

태초에 하나님은 천지를 만드셨습니다. 하
나님은 빛을 창조하시고, 낮과 밤을 만드셨
습니다. 하나님은 낮에는 활동하게 하셨고,
밤에는 잠자면서 쉬게 하셨습니다.

질서 가운데 이 세상을 만드시고 운행하시
는 하나님을 따라 나도 창조 질서 안에서 규
칙적인 삶을 살아가게 해 주세요. 규칙적으
로 식사하고, 운동하고, 일하고, 말씀 보고
기도하게 하시고, 밤에는 충분한 잠을 자며
쉼을 누리는 습관을 갖게 해 주세요. 규칙적
인 삶을 통해 영과 혼과 육의 종합적인 건강
을 누리게 해 주세요.

질서 가운데 일하시는 예수님의 이름으로
간절히 기도드립니다. 아멘.

my prayer

_____

_____

_____

097

이단의 미혹으로부터 지켜 주세요

거짓 그리스도들과 거짓 선지자들이 일어나 큰 표적
과 기사를 보여 할 수만 있으면 택하신 자들도 미혹
하리라 | 마 24:24 |

미혹하는 영으로부터 우리를 지켜 주시는
하나님!

모든 영광과 존귀, 경배와 찬양을 하나님께
올려 드립니다.

마지막 때가 가까울수록 이단은 판을 치면
서 택하신 하나님의 백성을 미혹한다고 성
경을 말합니다. 디모데전서 4장 1절에는
"후일에 어떤 사람들이 믿음에서 떠나 미혹
하는 영과 귀신의 가르침을 따르리라"는 무
서운 말씀이 나옵니다.

이단으로부터 나를 지켜 주시고, 나의 존재
를 보호해 주세요. 이단의 유혹에 넘어가지
않게 해 주세요. 바른 신앙을 가지고 영적,
육적, 정신적으로 건강한 삶을 살아가게 해
주세요.

유일한 구세주 예수님의 이름으로 간절히
기도드립니다. 아멘.

my prayer

_____

_____

_____

098

주님 덕분에 깨끗하게
나았습니다

그가 찔림은 우리의 허물 때문이요 그가 상함은 우리
의 죄악 때문이라 그가 징계를 받으므로 우리는 평화
를 누리고 그가 채찍에 맞으므로 우리는 나음을 받았
도다 | 사 53:5 |

따라 읽는 기도

구원자 예수님을 우리에게 보내 주신 좋으신 하나님!

모든 영광과 존귀, 경배와 찬양을 하나님께 올려 드립니다.

예수님은 우리의 아픔을 다 짊어지셨습니다. 나의 죄와 허물 때문에 예수님은 고통을 당하셨습니다. 예수님이 나의 죄 값을 완전히 치르셨기에 나는 평화를 누리고, 예수님이 십자가의 길을 가시며 고난을 받으셨기에 나는 깨끗하게 나았습니다.

예수님이 나를 위해 베풀어 주신 놀라운 구원의 사건을 전심으로 믿습니다. 예수님으로 인해 영과 혼과 육의 종합적인 건강을 누리며 살아갈 수 있게 해 주세요.

나의 전부이신 예수님의 이름으로 간절히 기도드립니다. 아멘.

my prayer

099

기뻐하고 기도하고
감사하게 하소서

항상 기뻐하라 쉬지 말고 기도하라 범사에 감사하라
이것이 그리스도 예수 안에서 너희를 향하신 하나님
의 뜻이니라 | 살전 5:16-18 |

하나님의 뜻대로 우리를 인도하시는 하나님!

모든 영광과 존귀, 경배와 찬양을 하나님께
올려 드립니다.

항상 기뻐하고, 쉬지 말고 기도하고, 범사에
감사하는 것이 그리스도 예수 안에서 나를
향하신 하나님의 뜻임을 믿습니다. 신앙 안
에서 기뻐하고, 매 순간 기도에 힘쓰고, 조
건과 상황과 감정과 관계없이 항상 감사하
는 삶을 살아가기로 결단합니다.

하나님의 말씀에 순종하고 주의 뜻을 헤아
리며 살아감으로써 나의 영과 혼과 육이 강
건함을 유지할 수 있도록 복 내려 주세요.

하나님의 뜻대로 살아갈 힘을 주시는 예수
님의 이름으로 간절히 기도드립니다. 아멘.

my prayer

_____

_____

_____

100
하나님을 믿습니다!

예수께서 백부장에게 이르시되 가라 네 믿은 대로 될
지어다 하시니 그 즉시 하인이 나으니라 | 마 8:13 |

우리가 진짜 믿음을 가지고 살기를 원하시는 하나님!

모든 영광과 존귀, 경배와 찬양을 하나님께 올려 드립니다.

믿은 대로 되리라 말씀하신 주님, 하나님은 나에게 최고의 것을 주시는 분임을 믿습니다. 나는 하나님이 나의 영을 지켜 주시고 건강하게 해 주실 줄 믿습니다. 나는 하나님이 나의 마음과 정신에 참 평안을 선물로 주실 줄 믿습니다.

나는 하나님이 나를 붙잡아 주시고 강건하게 해 주실 줄 믿습니다. 하나님이 나의 영과 혼과 육의 종합적인 건강을 허락해 주실 줄 분명히 믿습니다. 이 믿음을 평생 붙잡고 살아가게 해 주세요.

나의 믿음을 지켜 주시는 예수님의 이름으로 간절히 기도드립니다. 아멘.

my prayer

_____

_____

_____